Elsye Birkinshaw

Denken
Sie sich
schlank!

In 21 Tagen abnehmen
ohne Diät

WILHELM HEYNE VERLAG
MÜNCHEN

HEYNE RATGEBER
08 / 9414

Titel der amerikanischen Originalausgabe:
THINK SLIM, BE SLIM

Copyright © 1989 der deutschen Ausgabe by Ariston Verlag, Genf
Genehmigte Taschenbuchausgabe
erschienen im Wilhelm Heyne Verlag GmbH & Co. KG, München
Printed in Germany 1992
Umschlaggestaltung: Atelier Adolf Bachmann, Reischach
Umschlagfoto: Bildagentur Mauritius / J. Clasen, Mittenwald
Satz: Kort Satz GmbH, München
Druck und Bindung: Presse-Druck Augsburg

ISBN 3-453-05770-8

Inhalt

1

Ihr Geist hält Sie gefangen!

Es ist wirklich so: Sie sind eine Gefangene, ein Gefangener Ihres eigenen Geistes! Er schränkt Ihre Bewegungsfreiheit ein, als ob Sie tatsächlich hinter Gittern säßen. Sie glauben es nicht? Dann überzeugen Sie sich jetzt sofort selbst davon!

Welche Erfahrungen haben Sie zum Beispiel mit Schlankheitskuren gemacht? Nehmen Sie normalerweise einige Wochen lang erfolgreich ab, nur um anschließend desto schneller wieder zuzunehmen? Oder fassen Sie etwa erst den festen Entschluß, rank und schlank zu werden, und lassen dann alle guten Vorsätze angesichts eines unwiderstehlichen Sahnetörtchens wieder fahren? Erklären Sie seit Jahren, Sie müßten unbedingt abnehmen, und haben doch nie die Willenskraft aufbringen können, Ihren Entschluß in die Tat umzusetzen? Oder waren Sie bereits als Kind dick und haben es seitdem überhaupt nie geschafft abzunehmen?

Trifft auch nur eine dieser Enttäuschungen auf Sie zu, dann werden Sie mit mir übereinstimmen, daß Sie wirklich bis zu einem gewissen Grade geistig unfrei sind.

Aber das ist kein Grund zur Verzweiflung. Mit Hilfe eines besonderen Programms, das Experten für Sie entwickelt haben, können Sie sich aus diesem Gefängnis befreien. Sie können für den Rest Ihres Lebens ohne große

Anstrengung und darüber hinaus ohne jeglichen Aufwand an Willenskraft die Figur haben, die Sie sich schon immer wünschten!

Schritte zu einem neuen Selbstbildnis

Nur zwei Dinge sind für den Erfolg unabdingbar notwendig: Sie müssen die einzelnen Schritte, die wir für Sie in diesem Buch aufgezeichnet haben, genauestens befolgen. Und Sie müssen *beharrlich* sein, *selbst wenn Sie noch nicht vollkommen von der Sache überzeugt sind!*

Wir möchten erreichen, daß Sie Ihr Unterbewußtsein selbst neu ›programmieren‹. Ihr Selbstbildnis, das Sie zum jetzigen Zeitpunkt mit sich herumtragen, ist möglicherweise in erster Linie ›dick‹. Unsere Anleitungen werden Ihnen helfen, es in ›schlank‹ zu verwandeln. Sie brauchen vorerst nicht einmal daran zu glauben, daß es *möglich* ist. Das Unterbewußtsein könnte man mit einer Tonbandkassette vergleichen, die ja auch völlig unabhängig von Ihrem Glauben auf eine ganz bestimmte Weise funktioniert: Wenn Sie eine alte Aufnahme mit einer neuen Information überspielen, wird dadurch die alte automatisch gelöscht und die neue aufgezeichnet. Genauso verhält es sich – bildlich gesprochen – mit Ihrem Unterbewußtsein. Was Ihr Unterbewußtsein an erstaunlichen Leistungen zu vollbringen vermag, lesen Sie am besten selbst in dem bahnbrechenden Grundlagenwerk ›Die Macht Ihres Unterbewußtseins‹ von Dr. Joseph Murphy (Ariston Verlag, Genf/München, 41. Auflage 1988) nach.

Das in diesem Buch beschriebene Programm wird Ihnen dabei helfen, alle falschen Informationen zu löschen, mit denen Ihr Unterbewußtsein programmiert wurde – falsche Suggestionen wie: »Es ist dein Schicksal, für den Rest deines Lebens Gewichtsprobleme zu haben.« Oder: »Du wirst niemals einen jugendlichen, schlanken Körper mit straffen Muskeln haben.«

Unsinn!

Wir haben bei unseren Volkshochschulkursen und Universitätsgruppenseminaren über ›geistige Diät‹ (oder besser: *Mentaldiät*) wiederholt bewiesen: Selbst Menschen, die niemals zuvor in ihrem Leben schlank gewesen sind, können abnehmen, ohne anschließend wieder zuzunehmen und ohne jeglichen Aufwand an Willenskraft – *vorausgesetzt, sie befolgen alle angegebenen Schritte.*

An diesem Punkt sagen Sie sich vielleicht: »Das klingt ja ganz nach Zauberei!« Aber ich versichere Ihnen, das hat nichts mit Zauberei zu tun. Es ist nicht einmal sehr schwierig. Es ist, um die Wahrheit zu sagen, sogar ausgesprochen leicht. Es ist *so* leicht, daß es anfangs vielleicht unvorstellbar erscheint, wie es überhaupt funktionieren kann. Ich versichere Ihnen aber, daß Hunderte von Studenten und Studentinnen in unseren Kursen über Mentaldiät bewiesen haben, daß es tatsächlich sogar sehr gut funktioniert!

Nur durchhalten müssen Sie – denn mit diesem Programm ist es wie mit den meisten anderen Anliegen auch: Je mehr Sie investieren, desto mehr bekommen Sie zurück!

Ein innerer Kampf

Machen Sie sich zuallererst folgendes bewußt: In dem Augenblick, da man mit einer Diät anfängt, beginnt unweigerlich auch ein innerer Kampf. Der Wille abzunehmen muß sich gegen Konditionierungen (oder ›Programmierungen‹) des Unterbewußtseins behaupten, die oft aus der frühen Kindheit stammen. Sobald aber die Willenskraft erlahmt, gewinnen diese bereits tausendfach ›erprobten‹ Programmierungen wieder die Oberhand. Nun ist es ganz offensichtlich unmöglich, die eigene Willenskraft in jeder Minute des Tages über Monate und Jahre hinweg kontinuierlich angespannt zu halten, und deshalb nehmen die meisten Menschen, sobald sie eine Diät abgesetzt haben, auch sofort wieder zu. Und nicht nur das: Sie werden oft sogar noch dicker, als sie vorher waren, weil das durch falsche Überzeugungen geprägte Unterbewußtsein gewissermaßen das Versäumte nachholen will.

Das klingt ganz so, als ob Sie von einer unkontrollierbaren Macht in Ihrem Inneren beherrscht würden, nicht wahr? Aber das ist nicht der Fall. Sie hatten auf Ihr Unterbewußtsein bislang nur deshalb keinen Einfluß, weil Sie nicht genau wußten – wissen *konnten* –, wie Sie es hätten kontrollieren können. Ihr Unterbewußtsein wird durch das geprägt, was Sie denken, glauben, fühlen.

Erst in den letzten Jahren haben sich die Psychologen gründlicher mit der Frage beschäftigt, wie sich die Mechanismen des Geistes im praktischen Leben auswirken. Lange Zeit hatte sich die moderne Wissenschaft weitgehend auf die Erforschung der äußeren Welt konzentriert und dabei die innere eher vernachlässigt. Um so erfreulicher ist es, daß wir jetzt endlich über Methoden verfügen, mit deren Hilfe Sie Ihr Unterbewußtsein buchstäblich umprogrammieren können. ›*Die Macht Ihres Unterbewußtseins*‹ und die anderen im Ariston Verlag Genf/München erschienenen Bücher von Dr. Joseph Murphy machen Sie mit diesen für Ihren Lebenserfolg wertvollen Techniken vertraut. Nun können Sie auch die *ideale* Figur erlangen *und* behalten, die Sie sich schon immer gewünscht hatten und die Ihnen mehr Lebensfreude, mehr persönliches Glück schenken wird.

Programmierungen aus der Kindheit

Wenn wir verstehen wollen, warum unser Unterbewußtsein gerade so und nicht anders programmiert wurde, müssen wir erkennen, was uns von Kind an beigebracht wurde. Wir sollten uns also die Frage stellen: »Wie wurden wir zu dem Menschen, der wir heute sind?« So unwahrscheinlich das auch klingen mag: Ihre gegenwärtigen Gewichtsprobleme stehen in direktem Zusammenhang mit dem, was Ihnen während Ihrer Kindheit immer und immer wieder eingeredet wurde. Sobald Sie sich mit diesen Programmierungen eingehender beschäftigen, werden Sie auch verstehen, warum Sie zuweilen einen festen Entschluß dann doch nicht in die Tat umsetzen können oder womöglich sogar genau das Gegenteil davon tun.

Die meisten Psychologen stimmen darin überein, daß die Charakterzüge eines Menschen bereits im Alter von vier, fünf oder höchstens sechs Jahren weitgehend festliegen. (Traumatische Erfahrungen, wie Unfall, schwere Krankheit oder der Tod eines Elternteils, können natürlich auch später noch einschneidende Veränderungen bewirken.)

Ihre Eltern, Großeltern, Tanten, Onkel, Brüder, Schwestern, Lehrer und Freunde trugen also ihren Teil dazu bei, Ihr Unterbewußtsein zu konditionieren, als Sie noch ein kleines Kind waren. In diesem Alter waren Sie an diesem Prozeß verständlicherweise *aktiv* so gut wie überhaupt nicht beteiligt; Ihr kritisches Bewußtsein, das Sie vor unerwünschter Beeinflussung hätte schützen können, war ja schließlich noch kaum ausgebildet.

Jetzt, als Erwachsener, sind Sie allerdings dazu imstande, jede hereinkommende Information kritisch zu beurteilen. Wenn Sie etwas nicht glauben wollen, brauchen Sie sich nur – laut oder im Geiste – zu sagen: »Das glaube ich nicht!« Dann wird es Ihr Unterbewußtsein auch nicht als eine Wahrheit abspeichern.

Bei kleinen Kindern ist diese notwendige gesunde Skepsis noch nicht entwickelt, weil ihnen die dazu erforderlichen Erfahrungen fehlen. Deshalb mußten wir als Kinder auch alles für bare Münze nehmen, was man uns erzählte. Versuchen Sie doch einmal, ein zwei- oder dreijähriges Kind ›auf den Arm zu nehmen‹, und Sie werden feststellen, daß es jede von Ihnen noch so scherzhaft gemeinte Äußerung aufs Wort glaubt!

Mit den Augen eines Kindes

Auch Sie waren als Kleinkind leichtgläubig, und so kam es, daß Ihr Unterbewußtsein mit diesen ersten ›Wahrheiten‹ programmiert werden konnte, die Ihr ganzes weiteres Leben bestimmen; aus diesem Grunde betrachteten Sie Ihre Gewichtsprobleme auch wahrscheinlich bis heute mit den Augen eines oder einer Zweijährigen. Ist es da verwunderlich, daß Sie mit dem Abnehmen Schwierigkeiten hatten?

Erinnern Sie sich nur daran, wie viele Gelegenheiten zur Konditionierung Ihrer Eßgewohnheiten sich damals immer wieder boten: gesellige oder festliche Ereignisse wie Picknicks, Partys oder Ausflüge – nicht zu vergessen Weihnachten und alle anderen Feiertage, die ja grundsätzlich mit üppigen Mahlzeiten verbunden sind. Vielleicht haben Ihnen Ihre Eltern auch bei jeder Gelegenheit gesagt: »Iß schön alles auf, dann wirst du groß und stark.« Oder: »Mach deinen Teller leer, denk an die hungernden Kinder in Indien!« Verhängnisvolle Suggestionen!

Es sind aber auch weniger direkte ›Programmierungen‹ möglich. Eine meiner Studentinnen erzählte, auf welche

Weise *ihr* das Zunehmen in gewissem Sinne ›anerzogen‹ wurde. Während einer unserer Entspannungspausen sah sie sich plötzlich als sehr kleines Mädchen, das immer die abgelegten Kleider der älteren Schwester tragen mußte. Niemals bekam sie etwas Neues gekauft. Und so wurde ›das neue Kleid‹ zu einer regelrechten Zwangsvorstellung. Sie erinnerte sich ganz deutlich daran, wie sie bei sich dachte: »Wenn ich dick wäre, bräuchte ich nicht all die Sachen meiner Schwester zu tragen. Dann könnte ich mein eigenes neues Kleid bekommen.« Und was war die logische Folge? Die Antwort liegt auf der Hand: Sie nahm ihre ganze Jugend hindurch systematisch zu und erreichte zu guter Letzt tatsächlich, was sie gewollt hatte. Sie bekam ihre funkelnagelneuen Kleider – nur eben in Übergrößen.

Sobald sie merkte, daß sie selbst ehemals das Problem des Übergewichts in die Welt gesetzt hatte, wurde ihr auch bewußt, daß sie das Leben immer noch mit den Augen einer Vierjährigen betrachtete. Und von diesem Augenblick an war sie imstande, ihr Unterbewußtsein erfolgreich *um*zuprogrammieren. Sie nahm nicht nur soviel ab, wie sie wollte. Sie behielt anschließend auch ohne Anstrengung das gewünschte Gewicht bei.

Jetzt fragen Sie sich bitte selbst: »Wie wurde *ich* als Kind programmiert? Stand jedes Vergnügen grundsätzlich mit Essen in Zusammenhang? Mußte ich immer meinen Teller leeressen, egal wie satt ich schon war? Dachten meine Eltern, ein dickes Kind sei ein gesundes Kind, und versuchten mich deshalb ständig zu ›mästen‹?«

Lassen Sie Ihre Kindheit an sich vorüberziehen! Versuchen Sie, sich alle mit Essen zusammenhängenden eigenen Erfahrungen sowie Gewohnheiten und Ansichten Ihres engsten Freundes- und Familienkreises möglichst aufrichtig ins Gedächtnis zu rufen. Versuchten Ihre Eltern jedes anfallende Problem durch reichliches Essen zu ›bewältigen‹? War das Essen Ausdruck des Wohlbefindens, wenn es keine Probleme gab? Da Essensgewohnheiten gewöhnlich familienspezifisch sind, werden Sie sich sehr wahrscheinlich selbst wiedererkennen, sobald Sie sich die entsprechenden Gewohnheiten Ihrer Eltern bewußtgemacht haben.

Die meisten Ärzte stimmen darin überein, daß zum Abnehmen weit mehr gehört, als eine Diät von fünfhundert oder tausend Kalorien einzuhalten. In den allermeisten Fällen nehmen *emotionale Aspekte*, *Fluchtmechanismen*, die Empfindung der *eigenen Unzulänglichkeit*, *Einsamkeit* oder das *Gefühl*, *nicht geliebt zu werden*, dabei eine Schlüsselfunktion ein.

Die meisten dieser Gefühle und Fehlleistungen wurzeln in den Programmierungen Ihres Unterbewußtseins aus der frühen Kindheit. *So* wurde es Ihnen *beigebracht*. Und die zahlreichen ›negativen‹ Suggestionen und Angewohnheiten Ihrer Freunde und Verwandten beeinflussen Sie weitgehend auch heute noch!

Ein erster Schritt

Schreiben Sie, als einen ersten Schritt zur Neuprogrammierung Ihres Unterbewußtseins, alles auf, woran Sie sich im Zusammenhang mit Essen erinnern können − versuchen Sie, sich dabei möglichst weit in Ihre Kindheit zurückzudenken!

Machen Sie sich direkt hier *Notizen:*

bewegen (Schnee, Baumstämme)
- holte mir Süßigkeiten von Oma
und Nachbarn, weil ich sie zu
Hause nicht bekam
- meine Mutter: Problembewälti-
gung durch Essen.
- habe mich gerne mit Pudding
u. a. Süßspeisen von meiner
Mutter verwöhnen lassen
- die Angst nicht geliebt zu
werden
- am Wochenende Großeinkauf:
Kuchen etc. → Selbstversor-
gien
- Belohnung durch Essen
- Strafe Essensentzug?

17

2

Gefangener,
befreien Sie sich selbst!

Sie, und nur Sie allein, können sich aus dem Gefängnis Ihres Geistes befreien. Das ist etwas, das Ihnen niemand abnehmen kann. Und es reicht zu diesem Zweck nicht aus, nur diese Zeilen zu lesen. Sie müssen die einzelnen Schritte oder Methoden, die in diesem Buch beschrieben werden, *erfahren*. Und nur *Sie selbst* können eine Erfahrung in sich geistig und psychisch Gestalt annehmen lassen.

Dieses Programm befaßt sich mit einer Funktion des Geistes – also mit etwas, das man weder sehen noch hören, schmecken, fühlen oder berühren kann. Und genau das ist der Grund, warum viele Menschen auf halbem Weg aufgeben. Ihnen fehlt das Konkrete, Handfeste in Form von Abmagerungspillen, ›Schlankheitsspritzen‹ oder Appetitzüglern, einer bestimmten Diät oder von Ähnlichem. Sie vergessen dabei nur, daß alle diese Dinge lediglich so lange helfen, wie man sie anwendet beziehungsweise einnimmt. Sobald man damit aufhört, übernimmt das Unterbewußtsein wieder die Regie, und man ist bereits nach kurzer Zeit wieder genau dort, wo man angefangen hatte.

Deshalb ist es von ausschlaggebender Bedeutung, daß Sie die *Macht des Geistes* als eine Tatsache akzeptieren.

Dann können wir dazu übergehen, uns mit den *Ursachen* der Gewichtsprobleme zu beschäftigen – und nicht mehr nur mit deren Symptomen.

Verlust des Selbstbewußtseins

Es gibt noch einen weiteren wichtigen Punkt, den Sie sich vorab bewußtmachen müssen: Die meisten Menschen – insbesondere die übergewichtigen und zwanghaft eßsüchtigen – leiden unter mangelndem Selbstvertrauen. Sie haben ihr Selbstbewußtsein und damit ihren inneren Halt verloren. Sie können sich selbst nicht mehr leiden oder respektieren und benutzen das Essen als eine Art ›Lebenshilfe‹, die sie für all die einsamen, verlorenen Tage ohne Liebe, für das Alleinsein und die Leere entschädigen soll.

Die Nahrungsaufnahme wird zum Götzendienst – gegenüber einem ›Gott‹, der ununterbrochen ›Speiseopfer‹ verlangt. Wenn nur der Essensgenuß ewig währte! Aber unglücklicherweise ist das Gegenteil der Fall: Nach kurzer Zeit schon macht sich der Zwang von neuem bemerkbar. Und so verkehrt sich diese ›Lebenshilfe‹ für viele Menschen in eine Hölle auf Erden!

Eine innere Kraft

Diese Menschen erkennen zu ihrem Unglück nicht, daß sie durchaus die Macht hätten, ihrem Elend ein Ende zu bereiten. Denn wir alle tragen in unserem Kopf einen schier unbezahlbaren ›Computer‹ mit uns herum, der nur darauf wartet, benutzt zu werden. Ich meine damit natürlich unseren Geist, unsere Seele: also die Gesamtheit all unserer bewußten, unter- und unbewußten psychischen

Tätigkeiten und deren körperliche, neurologische Entsprechung. Für unsere Zwecke ist es nun gleichgültig, ob ein bestimmtes Ereignis in unserem Bewußtsein letztlich ›geistig-seelischen‹ oder aber ›körperlich-materiellen‹ Ursprungs ist. Und da zudem diese zwei Aspekte in ihren Wirkungen scheinbar nahtlos ineinander übergehen, werde ich im weiteren Verlauf dieses Buches in den meisten Fällen einfach nur vom ›Unterbewußtsein‹ sprechen, ohne zwischen psychologischen und neurologischen Funktionen zu unterscheiden.

Dieser ›Privatcomputer‹ also wartet nur darauf, daß wir ihn wahrnehmen und ihn uns zu eigen machen. Das ist das ganze Geheimnis dabei! Wir müssen uns dieser ungeheuren geistigen Kraft in uns bewußt werden: dieser Fähigkeit, unser Handeln selbst zu bestimmen und genau das zu tun oder zu sein, was wir wollen. Keine äußeren Umstände, wie auch immer sie beschaffen sein mögen, können Sie dann noch beherrschen: denn *Sie* haben alle Macht in sich selbst – und nur Sie selbst können sich dieser Macht bewußt werden und sich ihrer bedienen.

Ist Ihnen klar, was das bedeutet? Es bedeutet, daß Sie von dem Augenblick an, da Sie sich der ungeheuren Leistungsfähigkeit Ihres unbezahlbaren ›Computers‹ bewußt geworden sind, Ihren Eßzwang in einen unwiderstehlichen Wunsch nach einem schönen, schlanken und jugendlichen Körper umwandeln können! Nur vergessen Sie dabei niemals, daß *Sie selbst* den Entschluß dazu fassen müssen! Niemand auf der Welt, kein Arzt, kein Priester, keine Freunde, kein Ehemann, keine Ehefrau und keine Kinder können Ihnen das abnehmen. *Es liegt ganz allein bei Ihnen!*

Jetzt höre ich Sie sagen: »Wie kann ich denn an irgend etwas in meinem Inneren glauben und es benutzen, das ich nie gesehen, gehört, geschmeckt oder gefühlt habe?«

21

Es freut mich, daß ich Ihnen hier das Erstaunliche und Schöne an diesem neuen Programm mitteilen kann: Sie brauchen nichts weiter zu tun, als die beschriebenen Schritte der Reihe nach zu befolgen. Und nach einer sehr kurzen Zeit (manchmal schon nach einundzwanzig Tagen) werden Sie auch anfangen, daran zu *glauben*. Dieser Glaube wird Sie aber bei Ihren weiteren Bemühungen höchst wirkungsvoll unterstützen, und damit werden Ihre Gewichtsprobleme schon so gut wie gelöst sein!

Sechs einfache Schritte

Fangen Sie also *jetzt*, in diesem Augenblick, damit an, Ihr Selbstbewußtsein zurückzugewinnen, das Ihnen mit der Zeit abhanden gekommen war. Benutzen Sie dazu Ihre schöpferische Vorstellungskraft und malen Sie sich möglichst genau aus, wie Sie gerne aussehen möchten. Geben Sie sich den idealen Körper: voller Energie, jugendlich, schlank, geschmeidig, stark und vital. Sie können diesen vollkommenen Körper tatsächlich besitzen, Sie können dieses Idealbild Wirklichkeit werden lassen – wenn Sie sich nur an die Schritte halten, die in diesem Buch beschrieben werden.

Untersuchungen über die Funktionen des Geistes haben nämlich ergeben, daß sechs einfache Techniken – unsere ›Arbeitsmittel‹ – tatsächlich wahre Wunder bewirken können, *wenn sie nur konsequent angewandt werden.* So werden Sie ganz nach Wunsch abnehmen können und – ohne den geringsten Aufwand an Willenskraft – Ihr Idealgewicht anschließend auf unbegrenzte Zeit behalten.

Bestimmte in Ihrem Unterbewußtsein verankerte unwillkürliche Vorgänge sorgen in genau derselben Weise dafür, daß Sie schlank bleiben, wie andere etwa dafür sorgen, daß Ihr Herz schlägt. Ihr Unterbewußtsein übernimmt für Sie die Kontrolle Ihres Gewichtes genauso, wie es auch auf Ihre Atmung achtet. Schließlich sagen Sie doch wohl nie zu sich selbst: »Ich glaube, es ist wieder mal an der Zeit, einen Atemzug zu machen.« Sie atmen ganz automatisch. Und sobald die auf die Nahrungsaufnahme bezogenen neuen Verhaltensmuster in Ihrem Unterbewußtsein gespeichert worden sind, werden auch diese automatisch ablaufen. Sie werden dann keinen (bewußten) Gedanken mehr daran verschwenden müssen, wieviel Sie essen dürfen, und Sie brauchen keine Kalorien oder Kniebeugen mehr zu zählen. Alle diese Überlegungen und Berechnungen stellt fortan Ihr ›Computer‹ für Sie an – *er* übernimmt die Regelung Ihres Gewichtes.

Die meisten Teilnehmer an meinen Kursen machten die erstaunliche Feststellung, daß sie – war ihre Umprogrammierung erst einmal abgeschlossen – gegen jede ›eßbare Verführung‹ gefeit waren. Selbst auf Partys oder sonst in Gesellschaft hatten sie kein Verlangen danach, mehr zu essen oder zu trinken, als es für ihr Idealgewicht zuträglich gewesen wäre.

Zum Beispiel war Schwarzwälder Kirschtorte für eine meiner Studentinnen von jeher eine der größten Verlockungen gewesen. Bevor sie mit dem Kurs anfing, hatte sie es nicht ein einziges Mal geschafft, ihr zu widerstehen. Schon nach der ersten Woche unseres Kurses über Mentaldiät bot ihr jemand während einer Kaffeepause probeweise ein Stück von der begehrten Kirschtorte an. Doch zu ihrer großen Verwunderung konnte sie auch nicht einen Bissen davon herunterbringen!

Nehmen Sie dies als ein Beispiel dafür, wie rasch sich die neue Programmierung der Psyche auswirken kann und wie Sie – sobald sie beendet ist – keinerlei Willenskraft mehr aufzubringen brauchen. Ihr *Unterbewußtsein* kontrolliert nunmehr Ihren Appetit, und Sie werden merken, daß Sie jetzt auf einmal nicht essen *können*, wenn Sie nicht essen *sollen*.

Ein Natur-›Gesetz‹

Wenn Sie damit anfangen, die eben erwähnten sechs Schritte zu befolgen, lassen Sie ein ›Grundgesetz des Geistes‹ in Kraft treten. Was haben wir darunter zu verstehen? Die Psychologie lehrt uns, daß der menschliche Geist – von individuellen Eigenarten einmal abgesehen – nach ganz bestimmten, stets gleichbleibenden Gesetzen arbeitet. Diese sind in ihrer Allgemeingültigkeit durchaus sogenannten Naturgesetzen vergleichbar. Sie wirken immer in genau derselben Weise – und vor allem: *sie wirken immer!*

Wenn Sie also diese Gesetzmäßigkeit des Geistes wirksam werden lassen, indem Sie unser Programm genauestens befolgen, werden Sie Ihre Ziele auch immer erreichen. Setzen Sie sich das Ziel, dreißig oder vierzig Pfund abzunehmen, und Sie *werden* diese dreißig oder vierzig Pfund abnehmen! Da Sie in sich die Macht haben, es genau so und nicht anders geschehen zu lassen, *kann* es überhaupt nicht anders geschehen. Sie müssen nur den Anfang machen!

Die sechs ›geistigen‹ Schritte

Hier wollen wir nun die sechs ›Stufen zum Erfolg‹ auflisten, damit Sie sich ein erstes Bild von ihnen machen können. Wie Sie merken werden, handelt es sich dabei nicht eigentlich um gesonderte Übungen, sondern tatsächlich um ›Bausteine‹, die einander ergänzen und teilweise erst ermöglichen.

■ Die erste Anforderung lautet: *Lernen Sie sich selbst kennen!* Es ist unerläßlich, daß Sie sich selbst wirklich durchschauen. Sie müssen absolut ehrlich – ohne sich etwas vorzumachen – die Frage beantworten: Warum esse ich ständig zuviel?

■ Zweitens müssen Sie sich ein Ziel *setzen*. Damit ist natürlich Ihr Idealgewicht gemeint. In Kapitel vier (›Schalten Sie Ihren Computer ein!‹) werden wir auf die verschiedenen Wege eingehen, wie Sie dieses Ziel erreichen können.

■ Ihr nächstes Hilfsmittel ist die *schöpferische Vorstellungskraft:* Es ist unbedingt erforderlich, daß Sie lernen, Ihre optische Phantasie gezielt einzusetzen.

Der Geist ›denkt‹ nämlich bei den meisten von uns überwiegend in Bildern, nicht in Worten. Wenn Sie möchten, überzeugen Sie sich direkt selbst davon: Versuchen Sie sich an Ihr heutiges Frühstück zu erinnern. Nun? *Hören* Sie den Satz: »Ich habe ein Brötchen mit Marmelade gegessen«? Oder *sehen* Sie vielmehr den Teller vor sich mit dem Marmeladebrötchen darauf? Ich bin sicher, in den meisten Fällen wird letzteres der Fall sein.

Wir alle besitzen die Fähigkeit, unser Bewußtsein und unser Unterbewußtsein schöpferisch einzusetzen, doch die wenigsten von uns machen aktiven Gebrauch davon. Wir werden in Kapitel sieben ausführlich darauf eingehen, *wie* Sie Ihre *schöpferische Vorstellungskraft* entwickeln können.

■ Als vierten Schritt werden wir die *Spiegeltechnik* anwenden und damit mit der eigentlichen Neuprogrammierung Ihres Unterbewußtseins beginnen! Die Spiegeltechnik wird einen großen Teil der fest in Ihrem Unterbewußtsein verankerten negativen Programmierungen der Kindheit wie auch Ihres Erwachsenenlebens löschen. Sie wird gleichzeitig Ihr Selbstbewußtsein und Ihr Selbstvertrauen um ein Vielfaches stärken und damit Ihr Spiegelbild grundlegend ändern. Und wie Sie in Kapitel fünf sehen werden, ist dies eine wichtige Voraussetzung für jegliche Umprogrammierung des Unterbewußtseins.

■ Fünftens müssen Sie lebensbejahend, aufbauend, kurz: *positiv denken.* Durch zielgerichtete affirmative Suggestionen schaffen Sie in sich Überzeugungen, die das Unterbewußtsein prägen. So können Sie Ihre negativen Programmierungen durch positive ersetzen.

■ Das sechste und wichtigste Mittel zum Erfolg ist die *Entspannung:* Das Unterbewußtsein kann man nur über einen Zustand absoluter Entspannung erreichen – einen anderen Weg gibt es nicht. Deshalb ist dieser sechste Punkt auch ein unbedingtes ›Muß‹. Die Fähigkeit zu *willentlicher* Entspannung ist uns nicht angeboren. Also müssen sie die meisten Menschen erst bewußt erlernen – genauso wie etwa Lesen und Schreiben.

Ihr Gehirn hat Hunger

Noch einen weiteren Punkt gilt es bei der Programmierung des Unterbewußtseins zu beachten: Sie müssen es mit Informationen versorgen, damit es die jeweils richtigen Entscheidungen fällen kann. Die bisher einprogrammierten negativen Informationen sollen also – um es noch einmal zu wiederholen – durch positive neue ersetzt werden. Um Ihrem ›Computer‹ die richtigen neuen Eingaben liefern zu können, sollten Sie sich auch ein wenig mit der Frage beschäftigen, in welchem Verhältnis Ihr Körper zu Ihrem Gehirn – dem Träger der geistigen Funktionen – steht und wie Ihr Bewußtsein dieses Verhältnis sowohl zum Ausdruck bringt als auch beeinflußt.

Ich möchte Ihnen dies anhand des folgenden Beispiels verdeutlichen. Das Hungergefühl wird von einem Appetit- und einem Sättigungszentrum aus gesteuert, die sich beide im Hypothalamus (einem Teil des Gehirns) befinden. Diese Zentren reagieren zum Teil auf Ihren Blutzuckerspiegel. Ist dieser niedrig, wird das Sättigungszentrum gehemmt und das Appetitzentrum aktiviert, welches daraufhin das ›Hungersyndrom‹ auslöst: Verdauungssäfte fangen an zu fließen, vermehrte Speichelabsonderung tritt ein, der Magen beginnt zu knurren, und Sie wissen, daß Sie hungrig sind. Ist der Blutzuckerspiegel hoch, wird dagegen das Sättigungszentrum aktiviert, das Appetitzentrum gehemmt, und man fühlt sich satt.

Ein Beispiel für falsche Programmierung

Wir wollen nun schauen, wie der Körper auf eine *falsche* Programmierung Ihres Unterbewußtseins reagiert. Nehmen wir an, es sei drei Uhr. Das Mittagessen liegt schon einige Zeit zurück, und bis zum Abendessen dauert es noch ein paar Stunden. Der Zucker in Ihrem Blut ist teilweise schon abgebaut worden, und Sie verspüren somit einen gewissen Appetit. Ihre unterbewußte Programmierung gibt Ihnen nun zu verstehen, daß Sie sich – *da es Kaffeezeit ist* – nach einem Täßchen Kaffee und einem Stück Kuchen weit besser und gekräftigter fühlen würden.

Der Kuchen besteht weitgehend aus Kohlehydraten – das heißt letztlich aus *Zucker*; Zucker aber gelangt besonders schnell ins Blut und auf diesem Weg zum Gehirn und

27

in das Sättigungszentrum, welches daraufhin das Signal ›Ich bin satt‹ aussendet. Gleichzeitig wird das Appetitzentrum gehemmt und produziert infolgedessen keine ›Hungergefühle‹ mehr.

So weit, so gut. Der Haken dabei ist allerdings der, daß Zucker – um vom Körper richtig aufgenommen werden zu können – erhöhte biochemische Reaktionen auslöst, die den Blutzuckerspiegel bereits nach kurzer Zeit wieder drastisch absinken lassen. Und das Ergebnis ist, daß Ihr Appetitzentrum – vielleicht schon lange vor dem Abendessen – erneut signalisiert: »Ich bin am Verhungern!«

An diesem Beispiel können Sie deutlich erkennen, wie durch falsche Informationen (›bei Hunger am Nachmittag ißt man Kuchen‹), mit denen Ihr Unterbewußtsein programmiert wurde, auch die falschen körperlichen Reaktionen ausgelöst werden.

Ein Beispiel für richtige Programmierung

Lassen Sie uns jetzt sehen, wie sich genau die gleiche Situation auf Ihren Körper auswirkt, wenn Ihr ›Computer‹ über die *richtigen* Informationen verfügt. Sie haben Ihr Unterbewußtsein also mit Fakten programmiert, die sich auf die gesunde Ernährung beziehen – haben ihm korrekte Informationen über Kalorien, Zucker, Proteine und so weiter geliefert. Jetzt stellen wir uns vor, es sei wieder drei Uhr nachmittags und Sie haben Hunger. Auch jetzt essen Sie. Doch Sie essen keine Süßigkeiten, sondern Proteine (also zum Beispiel Joghurt). Genau wie bei dem Stück Kuchen steigt Ihr Blutzuckerspiegel – nur sinkt er längst nicht so rasch wieder ab. Die positive Folge davon ist, daß Sie erst zur Abendessenszeit wieder Hunger bekommen und dann nur Ihre normale Portion essen.

Ihr Sättigungszentrum kann Sie übrigens auch schon *während* der Mahlzeiten durch sein ›Ich-bin-satt‹-Signal davor bewahren, sich zu überessen: dann nämlich, wenn Sie möglichst langsam essen und gründlich kauen. Das haben Sie wahrscheinlich schon tausendmal gehört, doch hat man Sie jemals darüber aufgeklärt, *warum* es Ihnen beim Abnehmen hilft?

Der Zucker und die anderen Nährstoffe aus den Speisen gelangen nämlich nicht *sofort* ins Blut (und damit zum Sättigungszentrum). Es dauert ungefähr zwanzig Minuten, bis der entsprechend erhöhte Blutzuckerspiegel Ihrem Sättigungszentrum mitteilt, daß dieses sein ›Ich-bin-satt‹-Signal aussenden kann. Wenn Sie schnell essen, haben Sie – wenn das Signal Sie erreicht – aller Wahrscheinlichkeit nach schon viel zuviel gegessen. Essen Sie also langsam, kauen Sie gründlich, und Sie werden satt sein, *bevor* Sie zuviel gegessen haben.

Wie Sie Ihr Appetitzentrum beeinflussen können

Wenn Sie die folgenden fünf Punkte beachten, können Sie Ihrem Appetitzentrum ›ein Schnippchen schlagen‹ und dadurch wesentlich länger das Gefühl haben, satt zu sein:

1. Wenn Sie zwischen den Mahlzeiten Hunger bekommen, essen Sie ausschließlich proteinreiche Lebensmittel wie Käse, Joghurt, Eier und Fleisch.
2. Essen Sie langsam und kauen Sie gründlich, damit Sie nicht bereits mehr Kalorien als nötig zu sich genommen haben, wenn das ›Ich-bin-satt‹-Signal Sie erreicht.
3. Wenn Sie zwischen den Mahlzeiten (oder auch abends, beim Fernsehen) unbedingt etwas *knabbern* müssen, dann probieren Sie es zum Beispiel mit Karotten, Stangensellerie, Äpfeln oder Vollkornbrot.

4. Gewöhnen Sie sich an natürliche und nahrhafte Speisen, die reich an Vitaminen und Mineralstoffen sind. Als wertvolle Orientierungshilfe wird Ihnen dabei das ›*Kursbuch der Vitamine – Tests, die Ihnen zu Gesundheit nach Maß verhelfen*‹ von Dr. med. Margarete Raida, Ariston Verlag, Genf/München 1988, dienen.
5. Verzichten Sie auf Nahrungsmittel, die viele Kohlehydrate enthalten, aber wenig Nährwert besitzen – wie zum Beispiel Nudeln, Weißbrot, Pommes frites und so weiter.

Zusatzpräparate sind wichtig

Da nicht alle Speisen den gleichen Nährwert haben, sollten Sie, zumindest solange Sie dieses Programm durchführen, zusätzlich ein Multivitaminpräparat einnehmen. In vielen von unseren heutigen Nahrungsmitteln fehlen außerdem die lebenswichtigen Spurenelemente. Wie wichtig diese Spurenelemente für unsere Gesundheit sind, soll Ihnen folgender Fall demonstrieren.

Vor einigen Jahren stellte man anhand einer Statistik fest, daß die Rate der Sterblichkeit durch Herzinfarkt in neun nördlichen Bezirken des amerikanischen Bundesstaates Georgia doppelt so hoch war wie in neun südlichen Bezirken. Eingehende Untersuchungen ergaben, daß offensichtlich der ausgelaugte Boden des nördlichen Georgia die Ursache dafür war: Die landwirtschaftlichen Produkte, Getreide, Obst und Gemüse, konnten von den Äckern einfach keine (oder nicht ausreichende) Spurenelemente aufnehmen!

Ich halte es weiterhin für notwendig, daß Sie *natürliche* Vitaminpräparate und keine synthetischen kaufen. Man hat nämlich experimentell nachgewiesen, daß Ratten, denen natürliche Vitamine verabreicht wurden, wesentlich mehr Energie hatten als solche, die synthetische bekamen. Und nicht nur das – sie lebten auch länger und hatten ein glänzenderes Fell als die der Vergleichsgruppe.

Und nun noch eine Warnung: Wenn Sie auch die obenangegebenen Punkte beachten und damit Ihr Appetitzentrum so beeinflussen, daß Sie Ihr Idealgewicht im Prinzip mühelos beibehalten könnten – müssen Sie sich ganz besonders vor Zucker und Alkohol in acht nehmen! Beide bringen nämlich das Signalsystem von Appetit- und Sättigungszentrum wieder völlig durcheinander: Zucker verlangt nach mehr Zucker und Alkohol nach mehr Alkohol!

Sie sehen also, daß ›abnehmen‹ nicht einfach nur abnehmen bedeutet. Eine erfolgreiche Schlankheitskur, also eine mit bleibender Wirkung, ist in erster Linie das Ergebnis einer neugewonnenen richtigen geistigen ›Einstellung‹. Da Ihr Unterbewußtsein – der nichtbewußte Teil Ihrer Gehirn- und Nerventätigkeit samt allen seelischen Vorgängen – alle Ihre unwillkürlichen Körperfunktionen kontrolliert, wird es für den Rest Ihres Lebens auch Ihr Gewicht regeln: es muß nur erst entsprechend programmiert werden.

Zu viele Kohlehydrate sind schädlich

Um bei Ihrem Körper die richtigen Reaktionen auslösen zu können, benötigt Ihr Unterbewußtsein noch weitere wichtige Informationen. Zum Beispiel sollten Sie wissen, welche Wirkung reine Kohlehydrate auf Ihren Körper haben.

Wenn Sie sich hauptsächlich von Kohlehydraten ernähren, legen Sie damit buchstäblich Ihren Stoffwechsel lahm. Der Körper ›weiß‹ nicht, was er mit dieser zusätzlichen Menge an überflüssiger reiner Stärke und Zucker anfangen soll. Er kann sie nicht verbrennen, und so lagert er sie einfach als überschüssiges Fett ab. Deshalb richten also alle Nahrungsmittel, die hauptsächlich aus Kohlehydraten bestehen, so großen Schaden an Ihrer Figur an.

An oberster Stelle stehen hier alle Speisen, die aus weißem Mehl und weißem Zucker hergestellt werden. Diesen ›überreinen‹ Produkten wurde nämlich alles genommen – Ballaststoffe, Vitamine, Spurenelemente und dergleichen –, was sie zu wertvollen Nahrungsmitteln hätte machen können. Ein weltweites Verkaufsverbot von weißem Mehl und weißem Zucker hätte eine erhebliche Steigerung der Volksgesundheit zur Folge, und dicke Menschen würden ungefähr achtzig Prozent ihres Übergewichts verlieren.

Was ich eben sagte, bedeutet aber nicht, daß Sie jetzt überhaupt keine Kohlehydrate mehr essen sollen. Sie können alle Vollkornprodukte, Haferflocken oder Reis essen, die neben den Kohlehydraten auch eine Menge anderer wertvoller Nährstoffe enthalten. Die Hauptfunktion der Kohlehydrate besteht darin, Ihrem Körper Energie zuzuführen; außerdem unterstützen sie ihn bei der Verdauung und Verarbeitung anderer Bestandteile Ihrer Nahrung; sie spielen also eine große Rolle bei den Stoffwechselprozessen. Nur essen die meisten Menschen eben viel zu viele Kohlehydrate – weit mehr, als sie normalerweise abarbeiten können – und setzen deswegen Fett an.

Dies bewirken die Kohlehydrate in zweifacher Hinsicht: Indem unser Organismus sie aufspaltet, entsteht (neben Kohlendioxyd und Wasser) als Zwischenprodukt Brenztraubensäure; diese Substanz aber verhindert nicht nur den Abbau des bereits vorhandenen Körperfettes, sondern wird selbst auch noch – über mehrere Zwischenstufen – letztlich in weiteres Fett verwandelt.

Noch aus einem anderen Grund sollte man zu viele Kohlehydrate vermeiden: sie können Vitaminmangel verursachen! Der Körper benötigt nämlich zur Verbrennung überflüssiger Kohlehydrate zusätzliches Vitamin B, und dieses muß er dann – um den erhöhten Bedarf decken zu können – anderen Körperfunktionen entziehen.

Selbst wenn Sie niemals wieder raffinierten weißen Zucker essen, werden Sie Ihrem Körper das, was er an Zucker tatsächlich braucht, ohne weiteres in Form von Obst oder Gemüse zuführen können. Außerdem werden Brot, Teigwaren, Kartoffeln und überhaupt alle stärkehaltigen Nahrungsmittel – insgesamt zirka fünfundsechzig Prozent unserer Speisen – bei der Verdauung in Zucker verwandelt.

Ich möchte Ihnen an dieser Stelle die Geschichte eines Engländers erzählen, der im neunzehnten Jahrhundert lebte. Dieser Engländer war ziemlich klein (ungefähr einen Meter sechzig) und sehr dick (er wog dreihundertfünfzig Pfund). Weil er aufgrund seines beträchtlichen Körperumfangs nicht einmal mehr seine eigenen Füße sehen konnte, ging es ihm natürlich seelisch und körperlich ausgesprochen schlecht.

In seiner Not lief er von einem Arzt zum anderen, aber alle erklärten ihm nur, er würde schlicht und einfach zuviel essen. Da er das aber selbst nur zu gut wußte, halfen sie ihm damit und mit ihren Vorschlägen für kalorienarme Diäten nicht viel weiter. Zu allem Überfluß hatte der Ärmste auch noch Probleme mit seinem Gehör. Durch reinen Zufall geriet er an einen Ohrenarzt, der etwas – für damalige Verhältnisse – äußerst Merkwürdiges über die Wirkung bestimmter Nahrungsmittel herausgefunden hatte. Und kaum waren die Hörprobleme des dicken Mannes soweit beseitigt, daß er den Arzt klar und deutlich verstehen konnte, setzte ihn dieser auf eine Diät, die sich vollkommen von allen bisherigen unterschied. Und in weniger als einem Jahr hatte unser dicker Engländer fünfzig Pfund abgenommen und war um die Taille dreißig Zentimeter schlanker geworden. Dies aber war seine Wunderdiät:

Frühstück:
100 Gramm Rindfleisch, Fisch, Leber oder Schinken; eine Scheibe Toast und Kaffee ohne Zucker.

Mittagessen:
150 Gramm Fisch oder Fleisch (kein Schweinefleisch, dafür aber jede Art von Geflügel), Gemüse nach eigener Wahl (außer Kartoffeln), eine Scheibe Vollkornbrot, zum Nachtisch Obst, schließlich, wegen der darin enthaltenen Verdauungsfermente, ein Glas Sherry oder Madeira (aber kein Bier, keinen Sekt oder Schnaps).

Am Nachmittag:
50 bis 80 Gramm frisches Obst, eine Scheibe Toast und Kaffee.

Abendessen:
wie Mittagessen.

Vor dem Zubettgehen:
ein Glas Wein.

Wie war es möglich, daß der dicke Engländer trotz so vieler Kalorien abnehmen konnte? Sie werden die Antwort bereits erraten haben: Der Grund waren die *wenigen Kohlehydrate* im Essen. Lassen Sie es mich noch einmal wiederholen: Es sind die Kohlehydrate, die den Körper fett machen; er kann sie in zu großen Mengen nicht ›sinnvoll‹ verarbeiten (das heißt: in Energie umwandeln)!

Übergewicht ist also das direkte Ergebnis unserer falschen Ernährungsgewohnheiten. Fast alle von uns mögen Süßigkeiten; darüber hinaus wird bei vielen – an sich nicht eigentlich ›süßen‹ – Nahrungsmitteln Zucker hinzugefügt, wobei die Hersteller nicht einmal vor Fleischprodukten wie Wurstwaren haltmachen. Überzeugen Sie sich bei Ihrem nächsten Einkauf selbst davon!

Ich fragte einmal – und damit wollen wir dieses Thema abschließen – eine unserer Kursteilnehmerinnen, was sie gewöhnlich für sich und ihre Familie zum Picknick einpacke. Wonach verlangten ihre Kinder und ihr Mann? Sie gab zur Antwort: Kartoffelsalat, Würstchen, Schokoriegel, Limonade und so weiter – also alles Dinge, die zwar viel Zucker und Kohlehydrate, aber kaum andere Nährstoffe enthalten. Solche Picknicks sind sicherlich ein Spaß für die ganze Familie, aber für Ihren Körper das denkbar Schlechteste!

Eine neue Einstellung zum Essen

Wenn Sie alles überdenken, was wir in diesem Kapitel besprochen haben, halten Sie es dann nicht auch für zwingend und einzig logisch, mit der Umprogrammierung Ihres Unterbewußtseins zu beginnen und sich dadurch neue Eßgewohnheiten zuzulegen?

Machen Sie damit den Anfang, daß Sie zunächst einmal Ihrer falschen Einstellung zum Essen auf den Grund gehen! Dann erst können Sie sich – gestützt auf die neuen Informationen, die Sie Ihrem Unterbewußtsein geliefert haben und weiterhin liefern werden – eine neue positive Haltung aneignen.

Vielleicht fragen Sie sich, was denn eigentlich Einstellungen und Gefühle mit dem ›Abnehmen‹ zu tun hätten.

Man hat jedoch herausgefunden, daß negative Gefühle leicht zu einem Teufelskreis führen. Dieser Teufelskreis muß erst durchbrochen werden, bevor eine positive Entwicklung möglich ist. Wenn Sie zum Beispiel eine Abneigung gegen jemanden hegen, mit dem Sie zwangsläufig zu tun haben, dann überlassen Sie sich negativen Gefühlen. Und in einer unbewußten Reaktion auf diesen inneren Groll *essen* Sie!

Der Fall einer meiner Kursteilnehmerinnen illustriert dies sehr gut: Sie erzählte, wie sie jeden Tag nach der Arbeit als allererstes zum Kühlschrank ging und ihn buchstäblich leeraß. Als sie dann in unserem Kurs erfuhr, daß Zorn und Ärger Appetit auslösen können, unterzog sie ihre Einstellung zu ihrer Arbeit und ihrem Chef einer eingehenden Prüfung. Und sie fand heraus, daß genau da die Antwort für ihre Freßsucht lag: Im Büro geschah jeden Tag irgend etwas, das negative Gefühle in ihr erzeugte. Beispielsweise hatte ihr Chef die unangenehme Angewohnheit, ihr nicht zuzuhören und sie oft mitten im Satz zu unterbrechen. So hatte sie täglich neue Anlässe, sich gründlich zu ärgern.

Ohne sich dessen bewußt zu sein, hatte sie diese negativen Gefühle durch das allabendliche hemmungslose Essen kompensiert. Irgendwie *fühlte* sie sich anschließend schon viel besser. Nachdem sie jedoch ein Jahr lang Tag für Tag den Kühlschrank leergeplündert hatte, *sah* sie keineswegs viel besser aus: sie hatte vielmehr fast fünfzig Pfund zugenommen!

Das war der Stand der Dinge, als sie durch unseren Kurs zu der Einsicht gelangte, daß sie ihre Haltung zu Chef und Arbeit grundsätzlich ändern mußte. Sie erkannte, daß sie in sich selbst, in ihrem Unterbewußtsein, eine Macht besaß, die alles ändern *konnte*. Und genau das geschah dann auch!

Drei Wochen lang setzte sie sich intensiv mit dem Bild auseinander, das sie von sich hatte, stärkte dadurch ihr Selbstbewußtsein und gewann allmählich ihren inneren Halt zurück.

Die direkte Folge nach diesen drei Wochen war, daß sie sich nicht mehr über ihren Chef ärgerte. Interessanterweise änderte dieser daraufhin sein Verhalten: Er ging immer mehr dazu über, ihr zuzuhören und ihre Vorschläge ernst zu nehmen.

Doch das weitaus Beste an allem war, daß sie ihre zwanghafte Eßsucht verlor und in kurzer Zeit alle überflüssigen Pfunde loswurde.

So können Sie mit einer allgemein positiven Haltung und indem Sie positiven Gefühlen und Einstellungen in sich Raum geben, Ihr Unterbewußtsein umprogrammieren. Dann ist es auch imstande, die für den Abbau der Kohlehydrate und die Fettspeicherung zuständigen Körperfunktionen zu kontrollieren und damit Ihrem Organismus zu helfen, seinen Stoffwechsel in Ordnung zu bringen.

Erscheint es Ihnen nun nicht auch sinnvoll, Ihren alten negativen Einstellungen auf den Grund zu gehen und sie anschließend durch neue positive zu ersetzen? Mit einer grundsätzlich positiven Lebenseinstellung sind Sie Streß und Lebensangst längst nicht mehr so ausgeliefert wie bisher. Sowohl übermäßige Sorgen als auch andererseits Langeweile werden verschwinden, Minderwertigkeitskomplexe werden keine Macht mehr über Sie besitzen, und Sie werden mit einem Mal den Wunsch und die Fähigkeit in sich verspüren, sich auszudrücken und kreativ zu betätigen.

Mit einem Wort: Alle Lebensbereiche werden durch Ihre neue Einstellung gewinnen. Selbst Ihr Liebesleben wird sich positiv entwickeln!

3

Lernen Sie sich selbst kennen!

Kennen Sie sich selbst? Wissen Sie, warum Sie so verrückt nach Erdbeereis mit Bergen von Schlagsahne sind – oder nach Schwarzwälder Kirschtorte? Oder warum Sie nach einem üppigen Mahl mit drei Gängen schon binnen einer Stunde wieder ›Hunger‹ haben? Wissen Sie, warum Sie immer dieses leere, nagende Gefühl beim Fernsehen oder vor dem Zubettgehen quält? Wenn Sie die Gründe für all das wüßten, würden Sie dieses Buch nicht lesen und hätten auch keine Gewichtsprobleme!

Die meisten Ärzte stimmen darin überein, daß bei der Fettleibigkeit eine Fülle von emotionalen Problemen eine Rolle spielen. Fast immer haben dicke Menschen auch ein ›dickes Selbstbildnis‹ vor ihrem geistigen Auge. Nachgewiesenermaßen halten sie sich selbst gewöhnlich sogar für weit dicker, als sie wirklich sind. Bei bestimmten Experimenten sollten Übergewichtige aus einer Reihe von Abbildungen dicker Menschen diejenigen heraussuchen, die ihre eigene Figur ihrer Meinung nach am treffendsten wiedergaben. Das erstaunliche Ergebnis war, daß die Versuchspersonen in der Regel ein Photo von jemandem wählten, der in Wirklichkeit beträchtlich dicker war als sie selbst.

Wie wir hieran deutlich sehen können, ist es mit dem Selbstbewußtsein dicker Menschen – gelinde gesagt –

nicht weit her. Ihr Selbstbild ist tatsächlich so negativ, daß sie nicht mehr die Willenskraft aufbringen, daran etwas zu ändern. Deshalb *beginnen* sie nicht einmal mit dem Abnehmen, weil sie sich sagen: »Ich schaff' es ja doch nicht!« Noch bevor sie es überhaupt versucht haben, sind sie schon von dem Mißerfolg einer jeglichen Diät überzeugt.

Eine neue ›geistige Diät‹ (Mentaldiät)

Aber gerade für diese Menschen gibt es jetzt Hoffnung! Die sechs Schritte (oder Bausteine) unserer ›geistigen Diät‹ – die wir Ihnen im letzten Kapitel bereits kurz skizziert haben – sind so wunderbar einfach, daß *jeder* Mensch sie befolgen kann. Mit ihrer Hilfe wird man die große Macht des eigenen Geistes erkennen und lernen, ihn zu kontrollieren. Sobald *das* aber erreicht ist, können die Gewichtsprobleme ohne Schwierigkeiten gelöst werden. *Die Macht Ihres Unterbewußtseins* wird in der in dem vorliegenden Buch dargestellten *Mentaldiät* unmittelbar wirksam.

Übergewichtige essen selten nur, um ihren Körper zu ernähren. In den allermeisten Fällen essen sie, um bestimmte emotionale Bedürfnisse zu befriedigen. Dabei sind sie sich dieser Tatsache kaum bewußt oder wissen vielleicht sogar überhaupt nichts davon, da viele dieser Bedürfnisse das Resultat bestimmter Ereignisse oder Prägungen aus ihrer Kindheit sind. Möglicherweise litten sie als Kind unter mangelnder Zuneigung seitens der Eltern oder – schlimmer noch – fühlten sich direkt von ihnen abgelehnt.

Übergewicht kann – unbewußt – auch als Selbstschutz angegessen werden: Ein Mädchen, das vielleicht als Kind von einem Mann mißbraucht wurde und sich deshalb vor Männern fürchtet, ißt sich eine ›Rüstung‹ an, um künftig vor ihnen sicher zu sein. Denn – so der *unbewußte* Gedankengang – welcher Mann interessiert sich schon für eine fette Frau?

Ein klassisches Beispiel

Eine Studentin aus unserem Kurs erzählte, mit welchem Problem *sie* sich als Kind konfrontiert sah. Sie wuchs mit dem quälenden Bewußtsein heran, daß ihr Vater viel lieber einen Sohn als eine Tochter gehabt hätte. Da sie ihren Vater liebte, litt sie sehr unter seiner Enttäuschung und schätzte infolgedessen ihren eigenen Wert sehr niedrig ein. Da niemand sie eines Besseren belehrte, war sie auch immer sofort bereit, sich selbst für alle anfallenden Mißgeschicke verantwortlich zu machen. Irgendwann glaubte sie dann, das sei eben ihr Schicksal.

Sie fühlte sich den – tatsächlichen oder eingebildeten – Anforderungen, die an sie gestellt wurden, nicht gewachsen. So entwickelte sie unbewußt eine Art Verteidigung dagegen: sie wurde dick! Dadurch verwandelte sie sich zwar auch nicht in einen Jungen, aber immerhin erreichte sie damit, daß sie weit weniger beansprucht wurde. Doch sie schuf sich dadurch auch neue Probleme.

Sie aß – so seltsam das auch klingen mag – nicht einmal sehr viel mehr als andere Kinder, doch schien sich alles Essen bei ihr in Fett zu verwandeln. Je dicker sie wurde, desto mehr hielt sie es auch für gerechtfertigt, daß sie zunehmend zurückgewiesen wurde. Denn wem konnte man schon zumuten, ein fettes Mädchen liebzuhaben?

Zu der primären unbewußten Ursache für das Zunehmen gesellte sich nun noch der Wunsch, sich durch das ständige Essen für die mangelnde Zuneigung des Vaters und anderer Menschen schadlos zu halten. Und so schloß sich der Teufelskreis: Weil sie dick war, wurde sie von niemandem geliebt, und weil niemand sie liebte, wurde sie immer dicker!

Es ist wohl begreiflich, daß es für diese Studentin nicht einfach war, ein gesundes Selbstwertgefühl und Selbstbewußtsein zu entwickeln. Es kostete sie viel Mühe und Ausdauer, bis sie endlich erkannte: »Auch *ich* habe, genau wie jeder andere Mensch auf der Welt, ein Recht auf einen jugendlichen, schlanken und schönen Körper!«

Als Folge der falschen Programmierung in ihrer Kindheit hatte sie unbewußt Angst davor, sich in eine hübsche, schlanke und damit attraktive Frau zu verwandeln – obwohl sie sich gleichzeitig danach sehnte. Sie mußte also zuallererst ihre Angst vor Männern – das Resultat der Zurückweisung durch ihren Vater – überwinden, indem sie sich selbst als Frau akzeptierte und selbstbewußt wurde.

Wie diese Ausführungen zeigen, lag also die Ursache für das Übergewicht dieser Studentin zeitlich sehr weit zurück. Aber wie der Arzt die Symptome einer Krankheit nur dann erfolgreich bekämpfen kann, wenn er deren Ursache kennt, müssen auch wir erst die Ursache für unser Übergewicht herausfinden, um erfolgreich abnehmen zu können! Als unsere Studentin den wahren Grund für ihr Übergewicht erkannt *und* akzeptiert hatte, war der weitere Weg klar: Sie mußte als nächsten Schritt ihr Selbstbewußtsein aufbauen und ihren Eigenwert anerkennen.

Aber glücklicherweise ist der Fall dieser Frau die Ausnahme. In der Regel liegen die Ursachen für Gewichtsprobleme nicht ganz so tief verborgen. Doch lassen Sie mich auch das Happy-End dieser Geschichte erzählen: Sobald unsere Studentin soviel Selbstsicherheit entwickelt hatte, daß sie sich eines schönen Körpers für *wert* hielt, war sie auch imstande, abzunehmen und gleichzeitig ihre Angst vor Männern zu verlieren. Und als der Kurs endete, war sie auf dem besten Weg, eine schöne junge Frau zu werden!

Bewußtmachung ist der Schlüssel zum Erfolg

Werden Sie sich *Ihrer* speziellen emotionalen Probleme bewußt! Dann haben Sie den Kampf schon halb gewonnen! Wenn Sie erst einmal herausgefunden haben, warum Sie diese unausgewogene Einstellung zum Essen haben, werden Sie − mit Hilfe unserer weiteren fünf Schritte − die negativen Gefühle, die Ihr Übergewicht verursacht haben, mühelos auslöschen können.

Die meisten unserer Studentinnen und Studenten werden sich ihrer mehr oder minder traumatischen Schlüsselerlebnisse während der Entspannungsübungen bewußt, die einen wesentlichen Teil unseres Programms ausmachen. Ein sehr übergewichtiger Student erkannte zum Beispiel, daß seine allzu nachsichtige Mutter durch ihr Verzärteln an seinem jetzigen Problem schuld war. Sie hielt nicht nur prinzipiell dicke Kinder für gesunde Kinder, sie tröstete ihn auch bei all seinen Wehwehchen und Problemchen mit reichlichen Portionen seiner Lieblingsspeisen. Und wenn er brav gewesen war, wurde er grundsätzlich mit Schokolade, Gummibärchen, Bonbons oder Eis belohnt.

Als unser Student sein Problem erkannte, hielt er gleichzeitig auch den Schlüssel zur Umprogrammierung seines Unterbewußtseins in der Hand. Die neue richtige Information lautete: Eine *wirkliche* Belohnung ist ein idealer Körper − energisch, vital und geschmeidig!

Eine andere, außerordentlich dicke Studentin hatte ebenfalls während einer Entspannungspause ihr ›Schlüsselerlebnis‹: Sie sah sich selbst als kleines Mädchen bei irgendeinem Streit vor ihrer dünnen Tante stehen, gegen die sie eine tiefe Abneigung hegte. Sie hörte sich voller Wut schreien: »Wenn ich groß bin, will ich bestimmt nicht so aussehen wie du. Ich werde groß und dick!« Und so geschah es auch!

Sie, und nur sie ganz allein, hatte also in ihrer Jugend ihr Unterbewußtsein falsch programmiert: Sie hatte das Gegenteil von ihrer Tante werden wollen – die unglücklicherweise ausgesprochen dünn gewesen war. Sobald die Studentin auf diese Weise die Ursache für ihr Gewichtsproblem herausgefunden hatte, konnte sie auch mit der notwendigen Umprogrammierung ihres Unterbewußtseins beginnen. Zum ersten Mal in ihrem Leben war sie dazu imstande, abzunehmen und anschließend auch schlank zu *bleiben*.

Wie an diesem Beispiel deutlich wird, kann Übergewicht also auch die Folge einer unbewußten Trotzreaktion sein: das Resultat einer inneren Rebellion, die sich nur auf diese Weise Luft machen konnte.

Plötzliche Einsichten

Wir können also sagen, daß die eigentliche Ursache für Fettleibigkeit in vielen Fällen ein frühkindlicher *Trugschluß* ist, der sich dem Unterbewußtsein eingeprägt hat und uns bis ins Erwachsenenalter hinein kontrolliert. Dieser bestimmende Gedanke ist in seiner kindlichen ›Logik‹ unserem jetzigen Denken kaum zugänglich. Es ist daher nur selten möglich, durch *Überlegung* zur Lösung des Problems zu gelangen.

Mit Hilfe der in diesem Buch beschriebenen Entspannungsübungen aber öffnen Sie gleichsam die Pforten Ihres Unterbewußtseins und versetzen sich in einen für Erinnerungen aller Art besonders empfänglichen Zustand. Bilder, Gedanken und Empfindungen aus Ihrer näheren und ferneren Vergangenheit tauchen auf, und es ist dann nur eine Frage der Zeit, wann *die* Erinnerung, auf die es Ihnen am meisten ankommt, blitzartig in Ihrem Bewußtsein aufleuchtet.

Ihr Geist verfügt jedoch über eine Art Selbstschutzmechanismus – ein Abwehrsystem, das ihn bei extremen psychischen Belastungen in der Regel vor allzu großem Schaden bewahrt. Traumatische Erlebnisse werden deshalb verdrängt und bleiben zu Ihrem Schutz so lange in Ihrem Unterbewußtsein verborgen, bis Sie die innere Kraft und den Mut aufbringen können, sich mit ihnen auseinanderzusetzen und sie dadurch ein für allemal ›unschädlich‹ zu machen. Geschieht dies aber nicht, können verdrängte und ungelöste Probleme auf die Dauer Störungen verursachen.

Eine meiner Kursteilnehmerinnen hatte aus eben diesem Grunde große Schwierigkeiten, die Ursache *ihrer* Gewichtsprobleme herauszufinden. Lange Zeit war sie nicht imstande, die dazu notwendige Einsicht zu erlangen. Sie arbeitete jedoch beharrlich weiter an der Entwicklung ihres Selbstbewußtseins und ihres Selbstwertgefühls, und eines Tages bat sie mich dann um ein Gespräch unter vier Augen. Sie hatte endlich die Ursache für ihr Problem erkannt: Sie war als junges Mädchen sexuell mißbraucht worden.

Das Fettwerden war also die ›logische‹ Reaktion gewesen, mit der ihr Unterbewußtsein jede künftige Wiederholung dieser traumatischen Erfahrung zu verhindern gesucht hatte.

Gleichzeitig hielt es so lange jede Erinnerung an dieses Erlebnis vor dem Ich verborgen, bis dieses die innere Kraft und Standfestigkeit aufbringen konnte, damit fertig zu werden. Deshalb hatte sie sich bis zu diesem Zeitpunkt überhaupt nicht an die schreckliche Erfahrung erinnern können. Erst als sie mit Hilfe unseres Programms dazu in der Lage war, erkannte sie schließlich auch, daß sie sich ihr Fett lediglich als Schutz vor einem möglichen weiteren derartigen Erlebnis angegessen hatte.

Es liegt in Ihrer Hand

Eine der größten Errungenschaften der psychologischen Forschung ist die Erkenntnis, daß man nahezu *jede* nur mögliche Situation im Griff haben und absolut Herr über seinen Geist sein kann. Sobald Sie sich dessen wirklich bewußt geworden sind, haben Sie den Kampf gewonnen: *Dann haben Sie sich aus dem Gefängnis Ihres Geistes befreit!*

Wie meine Studentinnen und Studenten werden auch Sie mit Hilfe der Entspannungsübungen herausfinden, daß Sie selbst – durch die bestimmte Programmierung Ihres Unterbewußtseins – letztlich die Ursache für Ihre Gewichtsprobleme sind. *Sie* sind also die *Ursache.* Und die *Wirkung* ist: *Fett!* Sobald Sie dies erkannt haben, sind Sie auch in der Lage, den Prozeß des ständigen Zunehmens umzukehren, einen vollkommenen Körper zu erlangen *und für immer* zu behalten. Sie sind dann zwar immer noch die Ursache, die Wirkung ist jetzt aber die Verwirklichung Ihres Idealkörpers dank der neuen positiven Programmierung Ihres Unterbewußtseins. Auf ebendiesem Wissen von Ursache und Wirkung bestimmter geistiger Prozesse beruht der große Erfolg unseres Programms!

Der Körper gehorcht dem Geist

Der Körper gehorcht den ›Diktaten‹ des Geistes. Ich möchte Ihnen dies anhand eines Experimentes zur Erforschung der unterschwelligen Wahrnehmung demonstrieren, das vor nicht langer Zeit in den Vereinigten Staaten von Amerika durchgeführt wurde. Während einer Filmvorführung blitzte immer wieder ein Text auf der Leinwand auf, der die Zuschauer dazu aufforderte, sich während der Pause im Foyer Popcorn und Cola zu kaufen. Da die Worte jeweils nur für den Bruchteil einer Sekunde erschienen, waren sich die Zuschauer absolut keiner Beeinflussung bewußt. Aber die Botschaft hatte sich nichtsdestotrotz in ihr Unterbewußtsein eingeprägt, und während der Pause stieg der Verkauf von Popcorn und Cola ganz beträchtlich!

Bei der Hypnose geschieht etwas sehr Ähnliches: Auch hier wird auf direktem Weg das Unterbewußtsein eines Menschen beeinflußt, ohne daß er sich dessen bewußt würde. Berührt man zum Beispiel einen Hypnotisierten mit einem Bleistift und suggeriert ihm, es sei eine brennende Zigarette, so kann sich – wie Versuche wiederholt bewiesen haben – an dieser Stelle tatsächlich eine Brandblase bilden!

Und etwas Vergleichbares geschah auch mit Ihnen in Ihrer frühen Kindheit: Sie wurden ebenfalls ›hypnotisiert‹! Eltern, Großeltern, Schwestern und Brüder und sogar Sie selbst – wie wir an dem Beispiel mit der dünnen Tante gesehen haben – beeinflußten Ihr Unterbewußtsein durch ihre Suggestionen. Und genau *das* ist es, was wir unter einer *unbewußten Programmierung* verstehen!

Als Kind haben Sie unbesehen fast alles geglaubt, was man Ihnen erzählte. Denn damals waren Sie noch längst nicht in der Lage, zwischen Wahrheit und Lüge, richtig und falsch zu unterscheiden. (Selbst für einen Erwachsenen ist das nicht immer einfach!) Hört deshalb ein Kind wiederholt von sich, es sei ›böse‹, kann es – ohne sich dessen bewußt zu werden – leicht zu der weit übertriebenen Überzeugung gelangen, es sei zu nichts nutze und völlig wertlos.

Und eben weil Sie als Kind fast alles geglaubt und unbewußt oft noch aus einer Mücke einen Elefanten gemacht haben, tragen Sie jetzt in Ihrem ›Computer‹ soviel gespeicherten ›emotionalen Unrat‹ mit sich herum. Ich sage deswegen ausdrücklich ›Unrat‹, weil vieles von dem, was Ihnen eingeredet und in Ihr Unterbewußtsein einprogrammiert wurde, negativ ist. Es verschafft Ihnen Depressionen, Minderwertigkeitskomplexe und das Gefühl, nicht geliebt zu werden. Es sind einprogrammierte destruktive Lügen, die solche Emotionen bei Ihnen bewirken – sie gehören auf den Müll!

In Wirklichkeit stecken Sie nämlich voller Kraft, Kreativität und schöpferischer Energie; nur haben Sie bis jetzt von diesem Potential, das in Ihnen schlummert, wahrscheinlich nicht die geringste Ahnung gehabt. *Ihr Geist kontrolliert grundsätzlich immer Ihren Körper.* Worauf es jetzt ankommt, ist, daß *Sie* die Kontrolle über Ihren Geist übernehmen!

Eine Liste möglicher Ursachen

Um die wahre Ursache für Ihr Gewichtsproblem herauszufinden, könnte sich eine Liste aller *möglichen* Ursachen als hilfreich erweisen. Deshalb haben wir hier die – unserer Erfahrung nach – häufigsten Ursachen für Sie zusammengestellt. Kreuzen Sie jede an, die Ihrer Ansicht nach zu Ihrem Übergewicht beigetragen haben könnte. Wenn Ihnen darüber hinaus weitere Punkte einfallen, so fügen Sie sie einfach hinzu. Seien Sie bei dieser ›Gewissensprüfung‹ bitte so ehrlich wie möglich!

1. Falscher Hunger (nach drei vollen Mahlzeiten fühlen Sie sich immer noch nicht ›ausgefüllt‹).
2. Knabbern beim Fernsehen oder ›Betthupferl‹.
3. Zwanghaftes Aufessen von Resten.
4. Nicht genug sportliche Betätigung.
5. Alkohol oder Süßigkeiten.
6. Zu viele ›unnatürliche‹ Speisen, wie fette Soßen, Backwaren oder Hamburger.
7. Essen aus Einsamkeit, Mangel an Zuwendung oder als Fluchtmechanismus.
8. Falsche Reihenfolge der Mahlzeiten: also zum Beispiel kein Frühstück, leichtes Mittagessen und schweres Abendessen.
9. Hastiges Essen, Mahlzeiten unter Zeitdruck oder Streß.
10. Mangel an Vitaminen und Mineralstoffen.
11. Störung der Drüsenfunktionen, wie niedriger Blutzucker oder Unterfunktion der Schilddrüse.

12. *Essen aus Langeweile, wenn ich am Wochenende zu Hause bleibe – für niemanden attraktiv sein muß*
13. *Nachholbedarf nach Hungertagen*

(Fügen Sie hier weitere Ursachen hinzu!)

Und jetzt ausführlich

Folgende ausführliche Erörterung der einzelnen Punkte könnte Ihnen eine wirksame Hilfe dabei sein, die spezielle Ursache für Ihr Übergewicht herauszufinden und damit

49

den ersten Schritt unseres Programms – ›Lernen Sie sich selbst kennen!‹ – erfolgreich zu bewältigen. Hier also noch einmal alle elf Hauptursachen für Übergewicht der Reihe nach:

1. *Falscher Hunger:* Weil viele unserer heutigen Nahrungsmittel völlig ohne ›Saft und Kraft‹ sind, müssen Sie sehr viel mehr essen, um Ihren Bedarf an lebenswichtigen Vitaminen und Mineralien decken zu können. Experimente haben gezeigt, daß auch Tiere, die mit solch kraftloser, ›leerer‹ Nahrung gefüttert werden, einen falschen Hunger entwickeln und daraufhin weit mehr essen, um die Bedürfnisse ihres Körpers befriedigen zu können. Zum Beispiel sättigt und nährt weißes Brot lange nicht im selben Maße wie Vollkornbrot – wie auch einer unserer Kursteilnehmer bestätigen kann.

Er erzählte uns, er sei in seiner Jugend gewissermaßen mit weißem Toastbrot aufgezogen worden. Morgens aß er in der Regel sechs Scheiben davon, um satt zu werden, und trotzdem war er zwei Stunden später wieder schier am Verhungern. Als er durch unseren Kurs von der Wirkung bestimmter Nahrungsmittel erfuhr, änderte er seine Eßgewohnheiten radikal. Jetzt aß er morgens nur eine Scheibe Vollkornbrot und nahm zusätzlich Vitaminpräparate ein: Und auf einmal blieb er satt bis zum Mittagessen!

Interessanterweise werden auch Durstgefühle oft fälschlich als Hungergefühle interpretiert. Eine Studentin erzählte, daß sie durch ausgiebiges Trinken von Mineralwasser ihren Appetit wirksam zügeln und dadurch abnehmen konnte. Jahrelang hatte sie – wie sie sagte – zu bestimmten Zeiten geglaubt, sie sei hungrig, wenn sie in Wirklichkeit nur durstig war. Sorgen Sie deshalb immer dafür, daß Sie kalorienarme Getränke im Haus haben.

Wenn Sie dann Appetit verspüren, versuchen Sie es erst einmal mit Trinken. Sie werden zu Ihrer Überraschung feststellen, daß Sie in neun von zehn Fällen anschließend nicht mehr ›hungrig‹ sind.

2. *Knabbern beim Fernsehen oder ›Betthupferl‹:* Wenn Sie nach dem Abendessen unbedingt noch etwas knabbern müssen, versuchen Sie es doch einmal mit rohem Gemüse oder auch Äpfeln anstelle von Kartoffelchips oder Salzstangen. Einer meiner Kursteilnehmerinnen ging es dabei eigentlich nur um das *Kauen*, nicht um das konkrete Essen, und als sie von den Kartoffelchips zu Karotten wechselte, begann sie rasch an Gewicht zu verlieren. Und abgesehen davon, daß sie die Linie schonen, enthalten Karotten viel Vitamin A, das die Sehkraft stärkt und sich positiv auf die Haut auswirkt.

3. *Zwanghaftes Aufessen von Resten:* Wenn Sie es nicht ertragen können, daß irgendwelche Essensreste weggeworfen werden und Sie deswegen alles bis auf den letzten Krümel aufessen ›müssen‹, ob Sie nun Hunger haben oder nicht – dann wurden Sie höchstwahrscheinlich als Kind entsprechend programmiert. »Man‹ wirft kein Essen weg!« hieß es wohl. Oder: »Denk an die hungernden Kinder in Indien!« Aber muß man denn Übriggebliebenes gleich wegwerfen? Aufgewärmtes schmeckt erstens oft genauso gut wie frisch Gekochtes, und zweitens kann man – mit Resten und ein wenig Kreativität – die Kosten für eine ganze Mahlzeit sparen. Diejenigen von uns, die einen Garten haben, können außerdem alle organischen Abfälle auf den Kompost werfen, wo sie sich mit der Zeit in wertvollen Humus verwandeln. Hundebesitzer können auch ihren Liebling damit füttern, der sich sicherlich über die Abwechslung in seiner eintönigen Kost freuen wird. Und

was die hungernden Kinder in Indien betrifft, so nützt es ihnen wirklich überhaupt nichts, daß *Sie* dick werden. Indem Sie aber zum Beispiel die Patenschaft für ein solches Kind übernehmen, können Sie diesem Kind wirklich helfen und darüber hinaus Ihr Gewissen weit mehr und mit viel größerem Recht beruhigen!

4. *Nicht genug sportliche Betätigung:* Wir scheinen zu einer ›sitzenden‹ Nation geworden zu sein: wir sitzen im Büro, beim Essen, im Auto, vor dem Fernseher, im Fußballstadion und im Kino. Wir bewegen uns schlicht und einfach viel zu wenig!

Das ist auch der Grund dafür, warum wir so oft die Signale unseres Körpers mißverstehen. Zum Beispiel ›schreien‹ einige unserer Muskeln oft buchstäblich danach, trainiert zu werden. Wir aber interpretieren dies völlig falsch als Hungergefühle. Also gehen wir zum Kühlschrank und essen. Infolgedessen läßt der ›Hunger‹ nach, und die Muskeln beruhigen sich für kurze Zeit. Doch sobald sie den Betrug gemerkt haben, beginnt alles von neuem!

Damit Sie wieder ein richtiges Verhältnis zu Ihrem eigenen Körper und seinen Bedürfnissen bekommen, sollten Sie ihn etwas mehr bewegen. Aber keine Angst: Ich habe nicht vor, Sie jetzt zu Hunderten von Kniebeugen oder Liegestützen zu verdonnern!

Neuere Forschungen haben ergeben, daß ein Muskel ohnehin nur mit einer bestimmten Geschwindigkeit wachsen kann. Es kommt nur darauf an, daß Sie *regelmäßig* die *richtigen* Übungen ausführen.

Schon bald werden dann Ihre Muskeln straffer, und künftig bleiben sie fest und voller Spannkraft. (Am Ende dieses Kapitels finden Sie die Beschreibungen dreier kurzer, aber sehr effizienter Übungen.)

5. *Alkohol und Süßigkeiten:* Alle nicht naturgemäßen Süßigkeiten enthalten viele Kalorien und im allgemeinen sehr wenig Nährwert. Sie erzeugen außerdem ›falschen‹ Hunger, weil sie – wie wir schon gehört haben – das Appetitzentrum durch vorzeitiges Senken des Blutzuckerspiegels bereits kurz nach dem Essen erneut aktivieren. Versuchen Sie es deshalb mit kalorienarmen Getränken (etwa naturreinen Säften), wenn Sie Luft auf Süßes bekommen. Sollte das nicht helfen und Sie Ihr Verlangen nicht bezähmen können, dann kaufen Sie bitte Diabetikersüßigkeiten, die ohne Zucker hergestellt werden.

Alkohol enthält ebenfalls sehr viele Kalorien, und er kann ebenso wie Zucker das Appetitzentrum ›grundlos‹ aktivieren: Nicht umsonst werden bei uns zu Wein und Bier gewöhnlich Käsespießchen oder Knabbersachen gereicht *und* gern gegessen!

6. *Zu viele unnatürliche Speisen:* Wenn Sie eine besondere Vorliebe für verschwenderische Desserts, Kuchen, Pasteten, Törtchen oder dicke Soßen haben, dann bedenken Sie bitte, daß alle diese Speisen ›unnatürlich‹ sind und wenig Nährstoffe, dafür aber jede Menge Kalorien enthalten. Die Natur bringt eine solche Vielfalt an gesunden, vitaminreichen Nahrungsmitteln hervor – die kalorienarm sind und auch noch hervorragend schmecken –, daß diese künstlichen Produkte wirklich weitgehend von der Speisekarte gestrichen werden und durch Obst, Gemüse oder Salate ersetzt werden könnten und sollten! Bei dem heutigen reichhaltigen Angebot in den Supermärkten werden auch Sie sicherlich etwas finden, das Ihren Geschmack trifft!

Es gibt außerdem ausgesprochene ›Kraftnahrungen‹, die Ihnen ein überdurchschnittliches Quantum an Energie, Widerstandskraft und Vitalität schenken. Es handelt sich dabei also um Substanzen, deren Nährwert – gemessen an den Kalorien, die sie enthalten – wesentlich höher ist als bei den meisten anderen Nahrungsmitteln. Sie können alle oder doch zumindest einige von ihnen problemlos Ihren täglichen Speisen beifügen.

Bierhefe ist eine Quelle schier unerschöpflicher Energie. Diese Kraftnahrung enthält nicht nur sechzehn verschiedene Vitamine – darunter die ganze B-Gruppe –, sondern auch sechzehn Aminosäuren, vierzehn Mineralstoffe und wichtige Spurenelemente. Außerdem besteht Hefe zu vierundvierzig Prozent aus reinem Eiweiß, enthält wenig Kalorien und praktisch kein Fett. Deswegen eignet sie sich bestens als Zukost bei Diäten.

Joghurt hilft dem Körper dabei, Vitamine der B-Gruppe zu produzieren, und versorgt ihn mit hochwertigen und leichtverdaulichen Proteinen. Außerdem unterstützt es die Verdauung und schenkt Ihnen ein jugendliches Aussehen.

Leber ist besonders reich an Vitaminen, Mineralstoffen und Proteinen. Sie enthält mehr Vitamin A als die Karotte und mehr Vitamin B, B_2, C, mehr Eisen, Phosphor, Kalium, Kupfer und Zink als die meisten anderen Lebensmittel. Leber schenkt Energie und Leistungsfähigkeit und erhöht die Widerstandskraft beträchtlich, ist also insbesondere bei Belastung und Streß sehr zu empfehlen.

Lezithin gehört insofern zu den Kraftnahrungen, als es ein sehr wichtiger Bestandteil der Körperzellen beziehungsweise der Zellmembranen ist und außerdem die Enzyme im Körper aktiviert. Lezithin fördert den Abbau von Fett in der Leber und senkt dadurch den Cholesterinspiegel im Blut. Weil es das Körperfett umverteilt, verhindert es das etwas abgehärmte Aussehen, das man bei Abmagerungskuren manchmal annimmt. Auch ist das Lezithin eine wichtige ›Gehirnnahrung‹ – es schenkt geistige

Wachheit und Regsamkeit und ist außerdem gleichzeitig ein ›natürliches Beruhigungsmittel‹.

Sonnenblumenkerne eignen sich hervorragend als Knabberei ›zwischendurch‹ und stimulieren durch ihren hohen Gehalt an Proteinen Ihr Sättigungszentrum so, daß es schon bald ›Ich bin satt‹ signalisiert. Darüber hinaus enthalten sie acht Mineralien und Vitamine der B-Gruppe sowie die Vitamine D und E.

Weizenkeime sind reich an Vitamin E und Vitaminen des B-Komplexes. Eine halbe Tasse rohe Weizenkeime enthält so viele Proteine wie vier Eier!

Zuckerrohrmelasse enthält eine große Menge an verschiedenen Vitaminen der B-Gruppe, daneben Kalzium, Phosphor, Eisen und Kupfer. Ein Teelöffel Melasse enthält soviel Eisen wie neun Eier!

Alle diese Kraftnahrungen enthalten also wesentlich mehr Vitamine, Mineralstoffe, Aminosäuren und Spurenelemente als unsere gewöhnlichen Speisen: Sie sind – mit einem Wort – als wahre Superenergiespender ihr Geld wirklich wert!

Wenn Sie mehr über dieses Thema wissen möchten, empfehle ich Ihnen, auch mein ebenfalls im Ariston Verlag erschienenes Buch ›*Denken Sie sich jung! So bleiben Sie jung*‹ zu lesen.

7. *Essen aus Einsamkeit:* Viele Menschen essen zuviel und zu oft, um unerfreuliche Lebensumstände zu kompensieren und ihnen, zumindest vorübergehend, zu entfliehen. Für eine unserer Kursteilnehmerinnen wurde das Essen – als etwas ›Stabiles‹ – unbewußt zu einem Gegengewicht zur völligen Instabilität ihres Familienlebens. Jeden Tag aufs neue hing der Hausfrieden von den ständig wechselnden Launen ihres Ehemannes ab. Da sie selbst außerordentlich leicht aus dem Gleichgewicht gebracht

werden konnte, klammerte sie sich an das Essen, als an das einzig ›Sichere‹ in ihrer unsicheren Welt. Einem anderen Studenten diente das Essen als Fluchtmechanismus: Er wollte wenigstens für kurze Zeit seiner ewig nörgelnden Mutter entgehen!

Ein anderer – ein schüchterner junger Mann – fühlte sich, ohne Freunde oder Familie in einer fremden Stadt, allein und verlassen. Das einzige, was ihn tröstete, war das Essen! Erinnern Sie sich auch an die junge Frau, die jeden Abend den Kühlschrank plünderte, weil sie ihre Arbeit haßte! Wieder ein anderer Student empfand – weil er in sehr armen Verhältnissen aufgewachsen war – gutes und vor allem reichliches Essen als Symbol und Ausdruck von Wohlstand. Er kompensierte jetzt also die unbefriedigten Gelüste seiner Kindheit.

Wie wir aus Erfahrung wissen, ändern Übergewichtige in der Regel ihr Eßverhalten ganz beträchtlich, sobald sie die Ursache für ihre Eßlust herausgefunden und analysiert haben. Außerdem kann auch die Ausübung eines Hobbys oder einer Sportart zu einem vollwertigen Ersatz für das übermäßige Essen werden.

8. *Falsche Reihenfolge der Mahlzeiten:* Wie oft gehen Sie ohne Frühstück zur Arbeit, nehmen mittags nur etwas Kleines zu sich und essen abends dann erst richtig? In unserer heutigen Zeit ist dieses Eßverhalten leider nicht die Ausnahme, sondern schon fast die Regel. Eine Studentin erzählte, in ihrer Familie sei es Sitte gewesen, am Morgen ordentlich zu frühstücken, mittags die Hauptmahlzeit einzunehmen und am Abend nur noch eine Kleinigkeit zu essen. Die Folge davon war, daß niemand in ihrer Familie Übergewicht hatte. Als sie dann nach ihrer Heirat die Hauptmahlzeit auf den Abend verlegte, weil ihr Mann erst spät nach Hause kam, nahm sie in kurzer Zeit erheblich

zu. Sobald sie aber die Reihenfolge der Mahlzeiten wieder geändert hatte, verlor sie auch rasch ihr Übergewicht.

In vielen Familien ist es Sitte, vor dem Hauptgang eine klare Suppe zu essen. Wie wir jedoch heute wissen, regt eine solche Brühe erst richtig den Appetit an. Ein Salat als regelmäßige Vorspeise würde dagegen nicht nur sättigen, sondern Ihre Ernährung auch – durch Vitamine und Mineralstoffe – beträchtlich bereichern.

9. *Hastiges Essen:* Gönnen Sie sich für Ihre Mahlzeiten etwas mehr Muße! Gerade in unserer heutigen hektischen Zeit voller Streß und Anspannung sollten Sie sich in den Essenspausen nicht hetzen lassen: Ihr Körper wird es Ihnen danken! Gewöhnen Sie sich also möglichst an, langsam zu essen und gründlich zu kauen. So kommen nicht nur Ihre Geschmacksknospen auf ihre Kosten – auch die (uns allen angeborenen und natürlichen) Kaugelüste werden dadurch befriedigt. Erinnern Sie sich außerdem an das, was wir im letzten Kapitel besprochen haben: Es dauert ungefähr zwanzig Minuten, bis der entsprechend erhöhte Blutzuckerspiegel Ihrem Sättigungszentrum mitteilt, daß dieses sein ›Ich-bin-satt‹-Signal aussenden kann. Das ist also ein weiterer triftiger Grund, sich beim Essen Zeit zu lassen!

10. *Mangel an Vitaminen und Mineralstoffen:* Um Ihrem Körper eine gesunde und ausgewogene Ernährung zu garantieren, sollten Sie meines Erachtens unbedingt Vitaminpräparate einnehmen – selbst dann, wenn Sie keine Diät befolgen! Denn zum einen geht durch zu langes Kochen dem Gemüse ein hoher Prozentsatz an lebenswichtigen Vitaminen verloren, zum anderen wird Ihr Körper fast ununterbrochen bestimmten Störungen ausgesetzt, die eine optimale Verwertung der Nahrung verhindern. So

zerstören zum Beispiel Nikotin und Aspirin Vitamin C, Alkohol und Zucker Vitamin B_1, Magenübersäuerung und übermäßiges Schwitzen andere Vitamine der B-Gruppe. Auch Infektionen, Geschwüre, Kolitis und Diarrhö – um nur einige mögliche Faktoren zu nennen – beeinträchtigen entweder die positive Wirkung Ihrer Nahrung erheblich oder hindern den Körper daran, den vollen Nährwert der Speisen auszunutzen.

Deshalb also sind Zusatzpräparate so wichtig: Sie gewährleisten, daß wir trotz unnatürlicher Ernährung alle für unser Wohlergehen notwendigen Vitamine, Mineralien und Spurenelemente erhalten! Aber bitte vergessen Sie nicht, was ich Ihnen weiter oben sagte: Kaufen Sie *ausschließlich natürliche Präparate!* Denn die Wirkung synthetisch hergestellter Vitamine reicht bei weitem nicht an die Wirkung der natürlichen heran.

11. *Störung der Drüsenfunktion:* Glücklicherweise sind Drüsenfunktionsstörungen als Ursache für Fettleibigkeit die Ausnahme. Dennoch sollten wir nicht außer acht lassen, daß eine Schilddrüsenunterfunktion eine richtige Nahrungsverwertung verhindert. Sollten Sie also den begründeten Verdacht hegen, daß Ihr Stoffwechsel gestört ist, dann suchen Sie einen geeigneten Facharzt auf, und lassen Sie sich gründlich untersuchen.

12. *Weitere mögliche Ursachen:* Wahrscheinlich findet sich auch die Ursache für *Ihr* Übergewicht bei den eben genannten elf Punkten. Sollte dies jedoch nicht der Fall sein, dann versuchen Sie mit Hilfe der Entspannungsübung (siehe Seite 101) herauszufinden, wo Ihr persönliches Problem liegt. Denn vergessen Sie nicht: Sobald Sie die Ursache für Ihr Übergewicht kennen, haben Sie den Kampf schon fast gewonnen!

Einige kurze Übungen

Die drei folgenden Übungen sind ein ausgezeichnetes Training für Ihre Muskeln und erfordern doch nur einige wenige Minuten täglich!

A. *Handtuch-Übung:* Nehmen Sie nach dem täglichen Baden, Waschen oder Duschen ein Handtuch, legen Sie es sich auf die Schultern und spannen Sie es mit beiden Händen hinter Ihrem Nacken. Ziehen Sie kräftig an beiden Enden und leisten Sie einige Sekunden lang mit der Nackenmuskulatur Widerstand. Lassen Sie das Handtuch jetzt über Ihren Rücken bis zu den Lenden gleiten, und ziehen Sie wieder mit beiden Händen. Stemmen Sie sich gleichzeitig mit der Bauch- und Beckenmuskulatur – so fest Sie können – dagegen. Stellen Sie sich anschließend mit beiden Füßen auf das Handtuch, nehmen Sie die beiden Enden und ziehen Sie, während Ihre Fußballen das Handtuch nach unten drücken. Üben Sie es dann noch einmal mit jedem Fuß einzeln.

B. ›*Korsett‹-Übung:* Wenn Sie wirklich nur für eine der drei Übungen regelmäßig Zeit haben, dann wählen Sie diese!

Es ist sehr wichtig, gerade die Bauchmuskulatur zu trainieren; zum einen, weil diese Region Ihres Körpers am ehesten ›aus der Form gerät‹, und zum anderen, weil sich eine Straffung dieser Muskelpartien sehr positiv auf den Zustand und die Durchblutung der darunterliegenden Organe des Verdauungstraktes – die Sie ja nicht *direkt* trainieren können – auswirkt.

Diese körperliche Übung war auch genau das, was eine meiner Kursteilnehmerinnen brauchte. Sie hatte zwar eine leidlich gute Figur, aber einen völlig aus der Form geratenen Bauch, und sie sah aus, als sei sie im fünften Monat schwanger! Nachdem sie nun drei Wochen lang die ›Korsett‹-Übung regelmäßig durchgeführt hatte, stellte sie zu ihrer großen Freude fest, daß sich ihre Bauchmuskulatur gestrafft hatte *und* gleichzeitig die Speckpölsterchen darüber abgebaut worden waren. Sogar um die Hüften war sie jetzt schlanker als vorher. Da sie sich außerdem durch diese Übung eine gerade Körperhaltung angewöhnt hatte, verschwand ihr Doppelkinn, und sie sah auch im Gesicht weit hübscher aus!

Ein straffes Muskel-›Korsett‹ stützt alle lebenswichtigen Organe im Unterleib. Und die folgende kleine Übung genügt, um Ihren Muskeln in kurzer Zeit erheblich mehr Spannkraft zu verleihen.

Spannen Sie also einmal pro Tag Ihre Bauchmuskeln an, so fest Sie können! Ziehen Sie dazu den Bauch sechs Sekunden lang so weit ein, wie es Ihnen möglich ist: Lassen Sie Ihre ›Bauchdecke das Rückgrat berühren‹! Es ist wissenschaftlich erwiesen, daß eine einzige solche Kontraktion – regelmäßig einmal am Tag durchgeführt – die Spannkraft der Muskeln in einer Woche um sechs Prozent erhöht, in elf Wochen sogar um sechsundsechzig Prozent. Mit nur dieser einen – wirklich extrem kurzen – Übung werden Sie also schon eine Menge für eine schmale Taille, schlanke Hüften und einen flachen Bauch tun und außerdem Ihre Körperhaltung verbessern können!

C. *Seilhüpfen:* Eine der besten Übungen, um nahezu alle Muskeln Ihres Körpers zu trainieren, ist das – aus der Kinderzeit wohlbekannte – Seilhüpfen. Eine unserer Studentinnen, eine schöne junge Frau, hatte ihren im Prinzip wohlproportionierten Körper sträflich vernachlässigt: Ihre Muskeln waren schlaff, ihr Bauch trat hervor, und sie war beträchtlich übergewichtig. Aufgrund schwerwiegender familiärer Probleme schien sie im weiteren Verlauf unseres Kurses nicht mehr in der Lage zu sein, ihre angefangene Diät einzuhalten. Sie arbeitete jedoch weiterhin an ihrer geistigen Umprogrammierung und – hüpfte Seil. Und als der Kurs zu Ende ging, hatte sie abgenommen und ihre Muskeln gestrafft, ohne auch nur das geringste an ihrer Ernährung geändert zu haben!

Wenn Sie diese Übung ausführen wollen, dann beginnen Sie mit fünfundzwanzig Sprüngen am ersten Tag. Steigern Sie sich dann am zweiten und dritten Tag auf fünfzig Sprünge und arbeiten Sie sich dann allmählich möglichst auf zweihundert Sprünge hoch. Voraussetzung dafür ist allerdings, daß Sie in einer guten gesundheitlichen Verfassung sind oder Ihr Arzt Ihnen eine solche körperliche Beanspruchung ausdrücklich erlaubt hat.

4

Schalten Sie Ihren Computer ein!

Ihr Unterbewußtsein − dieser wirklich einzigartige, unbezahlbare Computer − besitzt die Macht, Ihr Gewicht zu kontrollieren. Aber Sie können dieses Unterbewußtsein nur auf *eine* Weise aktivieren und für sich arbeiten lassen: Sie müssen sich ein *Ziel setzen*, und Sie müssen es *aufschreiben*. Denn ein Ziel wird erst dann wirklich zu *Ihrem* Ziel, wenn Sie es aufgeschrieben und damit fest in Ihrem Unterbewußtsein verankert haben.

Einer meiner Kursteilnehmer hielt es für völlig ausreichend, sich sein angestrebtes Idealgewicht nur zu *denken*. Bald aber merkte er, daß er nicht richtig vorankam und sein im Unterbewußtsein lediglich ›treibendes‹ Ziel nicht wirklich näherrückte. Erst als er es niedergeschrieben und dadurch zu etwas Festem und Unverrückbarem gemacht hatte, stellten sich die ersten Fortschritte ein.

Also vergessen Sie nie: Sie müssen Ihren Geist ganz konkret *benutzen* − andernfalls wird er bestimmt nicht für Sie arbeiten!

Vielleicht fragen Sie an dieser Stelle: »Warum muß man sich denn, um abzunehmen, ausdrücklich ein Ziel setzen? Ich weiß wirklich sehr gut, daß ich abnehmen *will!* Wozu dann dieser Blödsinn?« Auf diese Frage gibt es nur eine ganz klare Antwort: Sie müssen sich ein Ziel setzen, weil wir Menschen von Natur aus fast immer ein Ziel vor

Augen haben wollen und müssen, um zufrieden leben zu können. Ob es nun ein Auto ist, ein Haus oder eine große Reise, auf die wir hinarbeiten, eine Karriere, Kinder oder einfach mehr Geld: wir alle haben Ziele, für die wir leben! Kennen Sie nicht auch dieses unbestimmte Gefühl der Leere und der inneren Unzufriedenheit ohne greifbare Ursache? Oft ist der Grund dafür ganz einfach der, daß man irgendein bestimmtes Ziel erreicht, sich aber noch kein neues gesteckt hat. Erst ein Ziel gibt Ihrem Leben Inhalt, Sinn und Befriedigung!

Das Ziel ist, wo Sie hinwollen

Warum muß man sich ein *bestimmtes* Gewicht zum *Ziel* setzen? Weil dieses bestimmte Gewicht der Zielpunkt ist, auf den Sie zustreben. Sie haben ja auch ein bestimmtes Ziel vor Augen, wenn Sie in den Urlaub fahren. Sonst würden Sie völlig *ziellos* herumfahren und nur zufällig irgendwo ankommen. Genauso ist es mit Ihrem Abnehmen. Wenn Sie sich kein bestimmtes Ziel setzen – also ein bestimmtes Gewicht –, dann werden Sie höchstwahrscheinlich auch nicht ein einziges Pfund abnehmen. So und nicht anders funktioniert nun einmal die Psyche!

Eine meiner Studentinnen glaubte nicht daran und setzte sich kein bestimmtes Gewicht zum Ziel. Am Ende des Kurses stellte sich heraus, daß einzig sie unter den vierzig Kursteilnehmern buchstäblich nicht *ein* Pfund abgenommen hatte. Diese Erfahrung überzeugte sie schließlich von der Notwendigkeit, sich ein ›Zielgewicht‹ zu setzen *und* es auch aufzuschreiben. Sie meldete sich deshalb zum nächsten Kurs an, befolgte dabei gewissenhaft alle Instruktionen und konnte diesmal einen schönen Erfolg für sich verbuchen.

Doch den weitaus überzeugendsten Beweis unserer These lieferte die Erfahrung einer anderen Studentin: Einige Jahre zuvor war diese Frau eine richtige Schönheit gewesen, mit einer absolut perfekten Figur. Doch ihre tragische Scheidung brachte sie vollkommen aus dem seelischen Gleichgewicht. Sie wurde depressiv, ihr Selbstbewußtsein schwand dahin und verkümmerte bald völlig. Und von diesem Zeitpunkt an nahm sie kontinuierlich zu – Pfund um Pfund –, bis sie so dick war, daß sie sich selbst nicht mehr ausstehen konnte und endlich den festen Entschluß faßte, diesem Zustand ein Ende zu machen.

Bevor sie sich in unseren Kurs einschrieb, hatte sie es bereits mit einigen der üblichen Abmagerungskuren versucht. Das Ergebnis war jedesmal das gleiche gewesen: Sie wurde zwar während der Diät um einige Pfund schlanker, nahm aber – sobald sie anschließend zu ihrer normalen Kost überging – sofort wieder zu. Soweit war sie, als sie mit unserem Programm begann.

Während einer unserer Entspannungsübungen analysierte sie dann ihr Gefühl und ihre Vergangenheit und entdeckte zweierlei Ursachen für ihre emotionalen Probleme: Zum einen hatte sie jegliches Selbstbewußtsein und Selbstwertgefühl verloren, zum anderen hatte sie sich zu Beginn des Kurses kein bestimmtes Ziel gesetzt. Sobald sie dies erkannt hatte, schrieb sie sich auf, wieviel sie zu einem bestimmten zukünftigen Zeitpunkt wiegen wollte. Außerdem begann sie, mit Hilfe der in Kapitel fünf beschriebenen Spiegelbildtechnik an der Entwicklung ihres Selbstbewußtseins und der Verbesserung ihres Selbstbildes zu arbeiten.

Infolgedessen übernahm kurz darauf ihr ›Computer‹ die Regie. Und von da an begann sie kontinuierlich abzunehmen. Als der Kurs endete, war sie um zwanzig Pfund schlanker geworden! Einige Zeit später teilte sie mir mit, daß sie noch weitere fünfundzwanzig Pfund abgenommen habe und sogar noch weiter abnehme. Das Schönste daran aber sei, daß sie niemals mehr wie früher das Gefühl habe, sie verliere mit ihrem Körpergewicht gewissermaßen auch etwas von ›ihrer Substanz‹.

Diese Kursteilnehmerin hatte durch das strikte Befolgen der Schritte unseres Programms wieder soviel Selbstbewußtsein gewonnen, daß sie mühelos auf das übermäßige Essen verzichten konnte. Ihre wirklich bemerkenswerte Verwandlung bedeutete für mich eine Bestätigung und Anfeuerung – und für sie ein neues Leben!

Am Beispiel dieser Frau können Sie deutlich erkennen, wie einfach und doch wirkungsvoll es ist, sich ein Ziel zu setzen und damit das eigene Unterbewußtsein richtig zu programmieren.

Die Reihenfolge ist wichtig

Ich glaube, ich bin Ihnen an diesem Punkt eine kleine Erklärung schuldig. Wie Sie sich wahrscheinlich erinnern werden, habe ich in Kapitel zwei die sechs ›geistigen‹ Einzelschritte oder ›Bausteine‹ unseres Programms bereits aufgezählt und kurz charakterisiert, und zwar – selbstredend – in einer bestimmten Reihenfolge. Dieser Umstand sowie die Tatsache, daß die bisherige ausführliche Behandlung der Einzelschritte – ›Selbsterkenntnis‹ und ›Zielsetzung‹ – der Anordnung der kurzen Liste entsprach, könnten Sie nun vermuten lassen, diese sei eben auch die Reihenfolge, in der Sie Schritte ausführen müssen. Das ist allerdings nicht der Fall!

Unser Programm zielt nicht darauf ab, lediglich *Symptome* zu beseitigen. Und Ihr Übergewicht ist nichts anderes als ein Symptom – es ist der sichtbare Ausdruck einer inneren Einstellung. Das ist auch der Grund, weswegen wir von einer Mentaldiät, einer ›geistigen Diät‹, sprechen, weil wir die geistig-psychischen Ursachen Ihres Problems beseitigen wollen. Die körperlichen Folgen werden sich dann wie ›von selbst‹ einstellen.

Dementsprechend handelt es sich bei unseren ›Schritten‹ um geistige Maßnahmen. Nun ist es klar, daß jemand, der seine Muskelkraft steigern will, nicht *zuerst* eine Zeitlang proteinreiche Nahrung und Aufbaupräparate zu sich nimmt und *dann* mit einem Krafttraining beginnt (oder gar umgekehrt), sondern beides *gleichzeitig* tut. Ebenso werden auch Sie eine Maßnahme – etwa die Aufdeckung der seelischen Ursache Ihres Gewichtsproblems – gleichzeitig durch eine oder mehrere andere – etwa die Umgestaltung Ihres negativen Selbstbildes – ›unterstützen‹ müssen. Da es sich in unserem Fall aber – ich wiederhole es – um *geistige* Schritte handelt, die also auf jeden Fall vor dem kritischen Auge Ihres Verstandes bestehen und Ihnen *einleuchten* müssen, ist es wichtig, daß sie in einer möglichst logischen und einsichtigen Reihenfolge vollzogen werden. Und indem Sie die Einzelschritte so der Reihe nach kennenlernen und sich mit ihnen auseinandersetzen, kann man auch wieder sagen, daß Sie sie – in einem ersten Durchgang – tatsächlich nacheinander und *in der richtigen Reihenfolge durchführen.*

Zurück zum Ziel

Was ist also die logische Vorgehensweise bei der Zielsetzung? Als allererstes müssen Sie natürlich entscheiden, wieviel Sie wiegen wollen und wieviel Zeit Sie dazu benötigen werden, die entsprechenden Pfunde abzunehmen.

Um allerdings dieses zukünftige Datum realistisch festsetzen zu können, müssen Sie in der Lage sein, sich selbst richtig einzuschätzen. Und damit führt uns das Ziel ganz an den Anfang zurück – zu unserem ersten großen ›Schritt‹: Lernen Sie sich selbst kennen!

Analysieren Sie also Ihre Gefühle und Erinnerungen! Finden Sie die Ursache für Ihre Gewichtsprobleme heraus! Beantworten Sie offen und ehrlich die Frage, warum es Sie beispielsweise so sehr nach Süßigkeiten verlangt: Überessen Sie sich, weil es Ihnen einfach schmeckt – oder vielleicht aus Lebensangst oder weil Sie sich allein und verlassen fühlen? Oder aus welchem Grund sonst?

Wenn Sie sich jetzt diese Frage stellen und nicht sofort eine klare Antwort darauf finden können, dann werfen Sie bitte nicht gleich die Flinte ins Korn! Sie werden in einem späteren Kapitel noch eine Entspannungsübung lernen, die es Ihnen erst ermöglicht, Ihrem Problem wirklich ›auf den Grund‹ zu gehen. Je mehr Sie es dann lernen, sich zu entspannen, desto mehr von den bislang in Ihrem Unterbewußtsein ›aufbewahrten‹ Erinnerungen werden auch in Ihr Wachbewußtsein gelangen. Und eines Tages werden Sie die Antwort ganz einfach *wissen!*

Einer unserer Studenten – ein japanischstämmiger Amerikaner – entdeckte, daß die Ursache für sein Gewichtsproblem eng damit zusammenhing, daß er als Kind während des Zweiten Weltkrieges interniert gewesen war. Er erinnerte sich daran, wie er damals mit anderen Kindern im Lager immer wieder darüber ins Schwärmen geraten war, was für Köstlichkeiten – Kuchen, Eis und Bonbons – sie früher hatten essen können. Sie hatten sich gegenseitig immer und immer wieder geschworen, sie würden nach dem Krieg all das Versäumte mit Bergen von Süßigkeiten nachholen. Und zumindest *er* hatte wirklich alles nachgeholt, und zwar fünfunddreißig Jahre lang!

Kaum war ihm das klargeworden, konnte er auch sein Verlangen nach Süßigkeiten bezwingen und erfolgreich abnehmen. Auch an diesem Beispiel können Sie es deutlich sehen: Bewußtmachen, Bewußtwerden, Bewußtsein – das ist der halbe Sieg in Ihrem ›Kampf gegen das Fett‹.

Sobald Sie also die Ursache für Ihr Gewichtsproblem herausgefunden haben, können Sie wahrscheinlich auch einschätzen, wie lange Sie brauchen werden, um Ihr Idealgewicht zu erreichen. Dann sind Sie imstande, Ihr Ziel klar zu formulieren.

In drei Schritten zum Idealgewicht

Aber auch die Zielsetzung selbst erfolgt – wie unser ganzer Kurs – in verschiedenen Schritten, deren Reihenfolge Sie unbedingt einhalten sollten. Durch eine solche *richtige* Vorgehensweise setzen Sie nämlich ein Gesetz in Kraft: das ›Gesetz der Zielsetzung‹, und dieses funktioniert in ebenso vorhersagbarer Weise wie jedes andere ›Naturgesetz‹ auch. Wenn Sie sich also strikt an die Regeln halten, funktioniert es absolut immer und immer genau gleich, und Sie werden somit *immer* Ihr Ziel erreichen!

Es hat sich nun erwiesen, daß es einfacher ist, ein ›Gewichtsziel‹ in drei Stufen aufzuteilen – also in ein kurzfristiges, ein mittelfristiges und ein langfristiges Ziel. Als kurzfristiges Ziel beschließen Sie beispielsweise, zwischen fünf und zehn Pfund in etwa zehn Tagen abzunehmen; als mittelfristiges, in der Hälfte der insgesamt veranschlagten Zeit die Hälfte Ihrer überflüssigen Pfunde zu verlieren; als langfristiges Ziel sodann, Ihr Idealgewicht zu erreichen.

Je nachdem, wie viele Pfunde Sie abnehmen wollen, sollten Sie für die Verwirklichung des langfristigen Zieles wenigstens einen Monat und höchstens ein oder zwei Jahre veranschlagen. Aber das sind nur allgemeine Richtwerte: Letztlich können nur Sie selbst entscheiden, wie lange Sie brauchen werden, Ihr Idealgewicht zu erreichen.

Eine meiner Studentinnen setzte sich als langfristiges Ziel, fünfundsechzig Pfund abzunehmen. Sie kannte sich selbst gut genug, um zu wissen, daß sie zuerst einmal ihre Eßgewohnheiten vollständig umstellen und das ›fette Selbstbildnis‹ aus ihrem Unterbewußtsein verbannen mußte: vorher würde sie auch nicht ein Kilogramm dauerhaft abnehmen können. In unserem Kurs erfuhr sie, daß es wenigstens einundzwanzig Tage dauert, eine einfache Gewohnheit zu ändern. Also würde es auch mindestens einundzwanzig Tage dauern, bis sich ihre Eßgewohnheiten und ihr Geschmack umgestellt haben würden.

Sie setzte die Verwirklichung ihres langfristigen Zieles – fünfundsechzig Pfund abzunehmen – auf sechs Monate fest. Ihr kurzfristiges Ziel lag bei fünf, oder, wenn möglich, zehn Pfund in den ersten zehn Tagen. Nahm sie diese erste Hürde mit Erfolg, würde sie daraus genügend psychischen Ansporn für die Durchsetzung des mittel- und des langfristigen Zieles schöpfen können. Für das mittelfristige Ziel hatte sie drei Monate angesetzt, in welcher Zeit sie insgesamt die Hälfte der fünfundsechzig Pfund abnehmen wollte.

Auf diese Weise erreichte sie tatsächlich ihr Endziel, und zwar sogar noch einige Tage vor Ablauf der sechs Monate! Und während dieser Zeit hatten sich ihre Eßgewohnheiten dauerhaft verändert. Die neue Gewohnheit, nur kalorienarme, aber nährstoffreiche Kost zu essen, hatte sich fest in ihr Unterbewußtsein eingeprägt, und niemals wieder würde sie wie früher Pommes frites, Sahnetorte und dergleichen mehr verschlingen können. Und so gesellte sich zu dem Erfolgserlebnis der jetzt wundervoll schlanken Figur auch noch die wesentliche Erkenntnis, daß ihr Unterbewußtsein jetzt tatsächlich genau so funktionierte, wie sie selbst es programmiert hatte.

Jetzt können Sie essen, was immer Sie wollen

Wir haben in unseren Kursen erstaunlicherweise immer wieder die Feststellung machen können, daß man, sobald die Umprogrammierung erst einmal abgeschlossen ist, buchstäblich *essen kann, was man will* – das heißt nämlich, *was das Unterbewußtsein will.* Sie können sich sogar ab und zu ›gefahrlos‹ auf einer Party regelrecht überessen. Denn unweigerlich wird Ihnen Ihr Gewissen am nächsten Tag klipp und klar sagen: »Schön, jetzt hast du deinen Spaß gehabt; aber heute und morgen wirst du ganz entschieden kürzertreten!« Infolgedessen haben Sie auch prompt zwei Tage lang weniger Hunger, und Ihr Kalorienhaushalt kommt ganz von selbst wieder ins Gleichgewicht – ohne daß Sie sich anstrengen oder Willenskraft dazu aufbieten müßten. Genau so und nicht anders funktioniert Ihr Unterbewußtsein – wenn es erst einmal richtig programmiert worden ist!

Und so gehen Sie bei der Neuprogrammierung vor

Die nächste Frage lautet natürlich: »Wie genau fange ich es an, mein Unterbewußtsein umzuprogrammieren?«

Nun, als allererstes müssen Sie den *wirklich starken Wunsch* haben, abzunehmen und einen idealen Körper zu erlangen. Doch da Sie dieses Buch lesen, dürfte diese Voraussetzung wohl bereits erfüllt sein.

Als nächstes müssen Sie Ihr ›Zielgewicht‹ festsetzen. Doch es muß *Ihr* Ziel sein, nicht das Ihres Mannes beziehungsweise Ihrer Frau oder Ihrer Kinder. Es muß *ganz allein Ihr Ziel* sein! Am Ende dieses Kapitels finden Sie einen Vordruck, in den Sie Ihr Idealgewicht und Ihr kurz-, mittel- und langfristiges Ziel eintragen sollten. Kleben Sie darunter ein älteres Bild von sich selbst, auf dem Sie die ideale Figur haben, die Sie jetzt wiedererlangen möchten. Wenn Sie kein passendes Bild von sich besitzen, dann können Sie etwas tun, das zwar albern klingt, aber sehr gut funktioniert: Blättern Sie eine Illustrierte durch, bis Sie ein Foto von jemandem finden, dessen Figur genau Ihren Wünschen entspricht, und schneiden Sie es aus. Nur überkleben Sie den Kopf mit einem Foto Ihres eigenen Gesichtes!

Ein solches Bild ist deshalb so wichtig für unser Programm, weil es Ihre kreative Vorstellungskraft anregt. Sie können sich dadurch sehr viel leichter ausmalen, wie Sie selbst aussehen werden, wenn Sie unser Programm abgeschlossen haben. Dieses Bild bedeutet eine wirkliche, konkrete Ermutigung und einen ständigen Ansporn!

Ich erinnere mich an ein junges Mädchen, das diese ›Collage-Methode‹ erfolgreich anwandte. Sie erzählte mir folgende interessante Geschichte:

Als kleines Mädchen war sie ausgesprochen dünn gewesen, und ihre Eltern versuchten deshalb ständig, sie zum Essen zu animieren. Doch soviel sie auch aß, sie nahm nie zu. Schließlich stellten die Ärzte fest, daß ein einfaches körperliches Problem die Ursache für ihre Magerkeit war. Und kaum hatten sie es behoben, nahm das Mädchen – aufgrund der früheren Programmierung und antrainierten Eßgewohnheiten – rapide an Gewicht zu. Jetzt mußten die Eltern genau das Gegenteil von ihr verlangen: »Iß nicht so viel! Du bist doch schon jetzt viel zu dick!«

Doch nun blieb sie dick, bis sie ins Pubertätsalter kam und anfing, sich für Jungen zu interessieren. Da sie sich vollkommen darüber im klaren war, daß sich niemand mit ihr abgeben würde, solange sie so aussah, wandte sie die ›Collage-Methode‹ an: Sie betrachtete täglich mehrmals ›ihren‹ Idealkörper, und dieser Ansporn bewirkte, daß sie es tatsächlich innerhalb von drei Monaten schaffte, so schlank wie auf dem Bild zu werden und sich damit in eine ungewöhnlich schöne junge Frau zu verwandeln!

Mentaldiät und Ihr ›schlankes Selbstbildnis‹

Behalten Sie bitte in Erinnerung, daß Ihr Geist in Bildern denkt und Ihren Körper entsprechend Ihrem Vorstellungsbild, das sich mit der Zeit gestaltet, Ihrem Unterbewußtsein einprägt. In unserem Programm der Mentaldiät werden Sie dementsprechend das ›dicke Selbstbildnis‹ löschen und durch ein ›schlankes‹ ersetzen müssen!

Sobald dieses ›schlanke‹ Selbstbildnis fest in Ihrem Unterbewußtsein verankert ist, wird Ihr Körper auch tatsächlich allmählich die schlanke Figur bekommen, die Sie ihm in Ihrer Vorstellung gegeben haben. Dies ist eines der erstaunlichsten Merkmale des Unterbewußtseins: es läßt die geistigen Bilder, die ihm einprogrammiert wurden, Wirklichkeit werden, und zwar – wie gesagt – ohne daß es Sie irgendeine bewußte Anstrengung kostet.

Doch es gibt ein Geheimnis dabei: Sie müssen sich unbedingt so *sehen*, wie Sie einmal *aussehen wollen* – auf keinen Fall aber so, wie Sie jetzt sind. Denken Sie *immer* an das letztendlich zu erwartende Resultat und *nie* an die Maßnahmen, die dieses Resultat bewirken sollen, oder an den weiten Weg, der Sie noch vom heißersehnten Ziel trennt!

Sehen Sie also vor Ihrem geistigen Auge das Bild von sich, wie Sie in drei oder sechs Monaten – je nachdem, wo Sie sich Ihr langfristiges Ziel gesteckt haben – ausse- hen wollen. Versuchen Sie vorzuempfinden, wie stolz Sie dann auf sich sein und welch vollkommene Figur Sie dann haben werden. Jedermann wird Sie bewundern und Sie fra- gen, wie Sie es fertiggebracht haben, so wundervoll auszu- sehen. Stellen Sie sich nur diese enorme Selbstbestätigung vor! Es ist von größter Bedeutung, dieses Gefühl, dieses Selbstbewußtsein, bereits im voraus zu erzeugen *und* zu empfinden.

Halten Sie Ihr Ziel geheim!

An diesem Punkt muß ich Sie warnen: Erzählen Sie nie- mandem etwas von Ihrem Plan, bevor Sie Ihr Ziel tatsäch- lich erreicht haben! Es gibt zwei Gründe für diese Vor- sichtsmaßnahme:

1. Wenn Sie anderen von Ihrem Vorhaben erzählen, dann vergeuden Sie einen Teil der Energie nach ›außen‹, die Sie ›innerlich‹ für die Verwirklichung Ihres Zieles drin- gend benötigen.
2. Andere Menschen – insbesondere solche, die keine Ahnung von der großen Macht des Geistes haben – werden an Ihrem Plan zweifeln. Und wenn *die* zwei- feln, werden auch *Sie* anfangen zu zweifeln – und Sie werden Ihr Ziel dann wahrscheinlich nicht erreichen.

Eine unserer Studentinnen hielt sich in ihrer Begeisterung über dieses Programm der Mentaldiät nicht an meinen Rat und erzählte ihrer besten Freundin davon. Diese interes- sierte sich sehr dafür und wollte mehr darüber wissen. Da- durch ermutigt, unterhielt sich unsere Studentin auch mit zwei anderen Freundinnen darüber, die jedoch nichts von der Macht des Unterbewußtseins wußten. Beide stellten deshalb die Grundidee des Programms – die Neuprogrammierung des Unterbewußtseins – in Frage. Weil die Studentin aber selbst noch nicht genug Kenntnisse von den Funktionsweisen und Reaktionen der Psyche besaß und dadurch die Zweifel ihrer Freundinnen nicht zerstreuen konnte, fing auch sie an zu zweifeln. Die Energie, die sie in ihrer ersten Begeisterung angesammelt hatte, verpuffte immer mehr, und sie hielt den Kurs nicht einmal bis zum Ende durch.

Doch glücklicherweise schrieb sie sich für den nächsten Kurs wieder ein, und diesmal erzählte sie niemandem etwas von ihrem Vorhaben – bis sie erfolgreich fünfundzwanzig Pfund abgenommen hatte! Behalten Sie also dieses warnende Beispiel in Erinnerung und erzählen Sie *keinem Menschen* etwas von Ihrem Ziel und auch nichts von der Neuprogramierung Ihres Unterbewußtseins – so lange nicht, bis Sie Ihr Ziel erreicht haben. Wenn jemand Sie von sich aus darauf anspricht, daß Sie offensichtlich abgenommen haben, dann spielen Sie es herunter, sagen Sie beispielsweise: »Ja, ich weiß schon und freue mich... Ich esse wohl weniger in letzter Zeit!«

Vergessen Sie nicht: Ihr Vorhaben muß so lange ein Geheimnis bleiben, bis Sie Ihr Ziel – den idealen Körper – auch tatsächlich erreicht haben. *Dann* können Sie gerne jedem erzählen, auf welche Weise es Ihnen gelungen ist!

Mein dreistufiges Gewichtsziel

Bemerken Sie, daß die Formulierung Ihrer Wünsche – des kurz-, mittel- und des langfristigen Gewichtszieles – affirmativ, also bejahend, und in der Gegenwartsform gehalten ist. Das hat seinen Grund. Erfahrungsgemäß behindern verneinende oder in der Zukunftsform gehaltene Inhalte die Wirkung jeglicher Suggestion. Das gilt für bloß gedachte und um so mehr für gesprochene oder sogar niedergeschriebene Suggestionen. Außerdem entfalten die stärkste Wirkung bildhafte Suggestionen, also Vorstellungsbilder; für diese ist das Unterbewußtsein besonders empfänglich. Deshalb habe ich Ihnen geraten, Ihr Idealkörper-Bild zu fixieren.

Tagen Sie nachstehend Ihren Namen, die genauen Datumsangaben und Ihr Gewicht in Pfund oder Kilogramm ein:

Ich, _____, wiege jetzt _____

Am _____ (Datum des kurzfristigen Zieles)

wiege ich _____

Am _____ (Datum des mittelfristigen Zieles)

wiege ich _____

Mein Idealgewicht:

Am _____ (Datum des langfristigen Zieles)

wiege ich _____

5

Die Spiegelbildtechnik

Nun wissen Sie bereits eine ganze Menge mehr über die Funktionsweise Ihres Geistes – und nun wissen Sie auch, daß nur Sie selbst sich aus dem ›Gefängnis falscher Programmierung‹ befreien können: Denn nur Sie ganz allein können sich bewußt dazu entschließen!

Wir setzen voraus, daß Sie – da Sie dieses Buch lesen – den notwendigen Entschluß bereits gefaßt haben. Doch wir können Ihnen nur erklären, *wie* Sie sich befreien können. *Handeln* müssen Sie schon selbst, denn keine Theorie der Welt kann Ihnen die Praxis ersetzen! Lassen Sie uns also mit der Umprogrammierung Ihres Unterbewußtseins beginnen, damit Sie möglichst bald Ihre Traumfigur *erhalten* und dann für den Rest Ihres Lebens auch *behalten* können!

Suggestive Affirmationen

Die Ausführung der Spiegelbildtechnik ist denkbar einfach, und doch ist die Wirkung schier unglaublich: Sie werden durch diese Technik Dreiviertel Ihrer früheren negativen Programmierungen löschen und sie – mit Hilfe bildhafter suggestiver Affirmationen – durch positive ersetzen. Sie werden außerdem erkennen, welche Macht all die Gedanken und Worte besitzen, die Sie Tag für Tag hegen und gedankenlos aussprechen!

Die Spiegelbildtechnik verfolgt also in erster Linie den Zweck, Ihnen Ihr – durch welche Ursache auch immer – verlorengegangenes Selbstbewußtsein zurückzugeben und Ihnen dadurch ein neues positives Selbstbild zu verschaffen. Doch eines sei klar: Mit ›Selbstbild‹ ist nicht dasjenige Bild gemeint, das Sie anderen Menschen – also der Außenwelt – darbieten. Nein, es ist *das* Bild von sich, das Sie in Ihrem tiefsten Inneren mit sich herumtragen – es ist das ›Sie, wie Sie sich selbst sehen‹.

Wahrscheinlich wissen Sie selbst gut genug, wie sehr sich dieses Selbstbild zuweilen von dem Bild unterscheidet, das Sie nach außen hin zeigen oder zu zeigen versuchen. Die meisten von uns wollen bei ihren Mitmenschen einen bestimmten Eindruck von sich erwecken, einen bestimmten Charakter darstellen, mit dem sie jedoch in Wirklichkeit oftmals nicht besonders viel Ähnlichkeit haben.

Lassen Sie mich Ihnen auch hierzu den Fall einer meiner Kursteilnehmerinnen als Beispiel anführen: Das Bild, das sie der Außenwelt bot, war das einer kecken, kaltschnäuzigen und selbstsicheren Frau, die vor nichts und niemandem Angst hat und jeder Herausforderung die Stirn bietet. Doch in ihrem Inneren sah es ganz anders aus: dort war sie schüchtern, scheu und furchtsam!

Um diesen weichen Kern in sich zu schützen – um der ›harten und grausamen‹ Welt nicht wehrlos ausgeliefert zu sein –, vermittelte sie ihren Mitmenschen dieses falsche Bild von sich. Nachdem sie eine Zeitlang mit der Spiegelbildtechnik gearbeitet hatte, war auch sie imstande zu erkennen, daß ihre gesamte ›öffentliche Persönlichkeit‹ nur eine aus Angst errichtete Fassade war. Und da sie die Schritte unseres Programms gewissenhaft befolgte, dauerte es nicht mehr lange, bis sie den Wert ihrer *wahren* Persönlichkeit erkannte und sich in einen völlig anderen Menschen verwandelte. Sie wurde zu einer sanften, lieben und sehr charmanten Frau.

Doch ihre Persönlichkeitsveränderung hatte auch einen sehr positiven ›Nebeneffekt‹: Als sie erkannte, daß ihr äußeres Wesen nur eine Art Schutzwall darstellte, und als sie genügend Selbstbewußtsein entwickelt hatte, um sich zu ihrem wahren Selbst bekennen zu können – da gelang es ihr mit einem Male, mühelos abzunehmen! Denn auch ihr Übergewicht hatte, ohne daß sie es wußte, lediglich dem Zweck gedient, sich gegen die ›böse‹ Außenwelt abzuschirmen.

Andere Menschen haben Ihr Selbstbild mitgeformt

Ihr jetziges Selbstbild ist nicht allein *Ihr* Werk: Jeder Ihrer näheren Verwandten und Freunde trug wissentlich oder unwissentlich seinen Teil dazu bei. Wie wir bereits besprochen haben, halten kleine Kinder alles für wahr, was man ihnen erzählt.

Erst ab einem gewissen Alter entwickeln sie die Fähigkeit, Gehörtes zu beurteilen und gegebenenfalls zurückzuweisen. Wir alle wurden also in unserer frühen Kindheit höchstwahrscheinlich mit einer Menge negativer und falscher Aussagen programmiert, die wir damals glaubten – und deshalb auch meist bis zum heutigen Tage – für wahr halten.

Nehmen wir zum Beispiel an, Ihre Mutter habe Angst vor Hunden gehabt und diese Furcht auch auf Sie übertragen. So werden Sie sich wahrscheinlich noch heute völlig grundlos – weil nicht auf eigener Erfahrung beruhend – vor Hunden fürchten. Da jedes kleine Kind seine Mutter als unbedingtes Vorbild betrachtet, wird es diese Angst vor Hunden als etwas Begründetes und Richtiges übernehmen, ohne nach den Ursachen zu fragen.

An diesem Beispiel können Sie deutlich sehen, wie bereits dem kleinen Kind etwas von seinem ursprünglich vorhandenen ›Mut‹ genommen und damit ein erster Keim zu einem negativen (weil beschränkten) Selbstverständnis gelegt wird.

Neugeborene Babys sind im allgemeinen absolut furchtlos und von Natur aus mit allen Möglichkeiten für ein makelloses Selbstbild ausgestattet. Eine *vollkommene* Furchtlosigkeit kann natürlich leicht lebensgefährlich werden und bedarf deshalb verschiedener Einschränkungen und Richtigstellungen seitens der Eltern (oder auch der Wirklichkeit). Durch Erfahrungen wie die oben erwähnte aber wird dieses selbst dann noch ansehnliche ›Charakterpotential‹ im Laufe der Entwicklung weiter beeinträchtigt und oftmals regelrecht verschüttet. Bei jedem kleineren oder größeren Fehler – wie eine zerbrochene Vase oder ein Riß in der Hose – ist das Kind ›böse‹ oder ›ungezogen‹ und wird im schlimmsten Fall mit Liebesentzug bestraft. Das Kind merkt sich daraufhin als Wahrheit: »Ich bin böse« – und schon ist sein Selbstbild um eine weitere Schramme reicher.

Hätte statt dessen die Mutter oder der Vater freundlich mit dem Kind geredet, es in ruhigem Ton aufgefordert, künftig besser aufzupassen, wäre das Selbstwertgefühl des kleinen Wesens nicht angetastet worden. Doch das Selbstbild der allermeisten von uns wurde nach und nach in dieser und ähnlicher Weise von anderen Menschen vorgezeichnet und negativ gefärbt.

Das Resultat ist sehr oft mangelndes Selbstwertgefühl, gepaart mit innerer Unsicherheit und geringem Selbstvertrauen!

Niemand ist schuld

Doch können Sie im Grunde niemanden für Ihre negativen Programmierungen verantwortlich machen, denn von ganz wenigen Ausnahmen abgesehen, dürfte keiner der Menschen, die Ihr Unterbewußtsein während Ihrer frühen Kindheit ›mitprogrammierten‹, eine böse Absicht damit verbunden haben oder überhaupt sich dieser Tatsache bewußt gewesen sein. In der Regel geschehen solche negativen Programmierungen ganz einfach aus Unwissenheit oder Gedankenlosigkeit. Dennoch machen Sie dieses und jenes oder einen bestimmten Menschen dafür verantwortlich.

Wenn Sie jedoch lernen, von Ihren Gefühlen zu abstrahieren, werden Sie auch die negativen Programmierungen als das betrachten können, was sie im Grunde sind – nämlich als unpersönlichen Ballast. Von diesem Punkt aber ist der Schritt nicht mehr weit, unter dem Wust von Negativem das ursprünglich vorhandene positive Potential – das immer noch in irgendeinem Winkel Ihres Unterbewußtseins schlummert – wiederzuentdecken und zu reaktivieren.

Bleiben Sie sich dessen bewußt, daß Fettleibigkeit nur eine *Wirkung* ist: die Wirkung eines falschen Bildes, das Sie – oftmals infolge bestimmter Kindheitserfahrungen – in Ihrem Unterbewußtsein gespeichert haben. Erkennen Sie, daß Sie es mit einem *Zerrbild* zu tun haben – auch wenn es Ihnen im Augenblick als die Wirklichkeit erscheinen mag – und nicht mit Ihrem ›wahren Selbst‹, das mit allen Anlagen zur Vollkommenheit ausgestattet ist!

Wenn Sie jetzt geistig ein ›dickes‹ Bild von sich haben, sollten Sie unbedingt damit anfangen, Ihr Selbstwertgefühl zu stärken und Ihr Selbstbewußtsein zu entwickeln.

Sonst werden Sie sich sicherlich nicht einmal darum *bemühen*, Ihr Unterbewußtsein umzuprogrammieren, weil Sie von vornherein vom Mißlingen dieses Unternehmens überzeugt sind.

Aus ebendiesem Grund spielt die ›Spiegelbildtechnik‹ (kurz Spiegeltechnik) eine solch wesentliche Rolle in unserem Programm. Sie bewirkt eine erhebliche Steigerung Ihres Selbstvertrauens und Selbstbewußtseins. Es ist dabei wirklich nicht nötig, daß Sie sich anschließend für Jane Fonda oder Robert Redford halten. Es genügt vollkommen, sich ein solches Bewußtsein seines persönlichen Wertes anzueignen, daß sich die Menschen nach Ihnen umdrehen und sich fragen, wer Sie wohl sind! Und zwar nicht etwa, weil Sie so auffallend schön geworden wären, sondern weil Ihre Haltung eine solche ruhige Selbstsicherheit und ein solches Selbstbewußtsein ausstrahlt, daß Sie einfach Eindruck machen *müssen*.

Um es noch einmal zu wiederholen: Wir alle – von einigen ganz wenigen Ausnahmen abgesehen – erlitten in unserer frühen Kindheit negative Programmierungen. Sie sagen an dieser Stelle vielleicht: »*Ich* nicht! *Meine* Eltern liebten mich und behüteten mich vor jeglicher traumatischen Erfahrung!«

Nun, ich hoffe und denke doch, daß die meisten Eltern ihre Kinder lieben und ihnen nichts Böses antun wollen. Aber versuchen Sie sich zu erinnern: Wurden Sie niemals ›Dummerchen‹ genannt? Hieß es nie: »Na, du Dummerchen, was hast du da wieder angestellt?« Oder: »Du kleiner Dummkopf! *So* geht das doch nicht!« Sicher, diese Äußerungen waren bestimmt liebevoll gemeint, doch – wenn sie nur oft genug wiederholt werden – haben auch *sie* eine negative Wirkung. Irgendwann glaubt das kleine Kind, wirklich ein Dummerchen zu sein. Denn gerade *weil* die Eltern es in einem liebevollen Ton sagen (denkt sich das Kind), werden sie es wohl auch so meinen. Da Eltern aber nicht lügen, *stimmt* das, was sie sagen! Und das Kind glaubt irgendwann, es sei tatsächlich dumm!

Vielleicht waren Sie auch ein niedliches strammes Baby, und Ihre Eltern oder Großeltern nannten Sie des öfteren liebevoll ›Pummelchen‹. Da Sie von deren Zuneigung überzeugt waren, verinnerlichten Sie dieses ›Pummelchen‹ als wahr *und* richtig. Sie blieben also ein Pummelchen, weil es erstens wahr und zweitens richtig ist — ein von Autoritätspersonen gefälltes ›Urteil‹, an das man sich halten muß, um *gut* zu sein.

Sehen Sie nun, wie wichtig die ersten Schritte unseres Programmes sind? Kennen Sie sich selbst! Lernen Sie, unabhängig von der Meinung anderer Ihren Verstand zu gebrauchen! Lernen Sie vor allem, sich von Ihrem eigenen Wert zu überzeugen, indem Sie sich die suggestiven Affirmationen mehrmals täglich vor dem Spiegel wiederholen! Alle weiteren Schritte ergeben sich dann ganz von selbst. Auf diesem Fundament beruht der außerordentliche Erfolg unseres Programms.

Sie brauchen es nicht einmal zu glauben

Sie brauchen zunächst an die Wahrheit Ihrer Affirmationen, die Sie sich selbst vorsprechen werden, nicht einmal zu glauben. Anfangs werden Sie sogar mit ziemlicher Sicherheit *nicht* an sie glauben! Doch so, wie Sie auch beim ersten ›Dummerchen‹ keineswegs davon überzeugt waren, tatsächlich eines zu sein, höhlt auch hier steter Tropfen den Stein. Die ständige Wiederholung erzwingt den Glauben an die Wahrheit der Aussage!

Der Vorgang der Spiegeltechnik ist also im wesentlichen der Art und Weise vergleichbar, wie die negativen

Programmierungen Ihrer Kindheit zustande kamen. Mit dem ›kleinen‹ Unterschied allerdings, daß *Sie* es diesmal sind, der oder die sich selbst dazu bringen soll, eine *positive* Aussage zu glauben.

›Worte der Macht‹

Lassen Sie uns jetzt also mit der Spiegeltechnik beginnen, die Ihr Selbstbild positiv verändern soll.

Als allererstes am Morgen nach dem Aufwachen müssen Sie sich vor den Spiegel stellen. Schauen Sie sich – Ihrem Spiegelbild – gerade in die Augen und sprechen Sie folgende ›Worte der Macht‹:

»*Ich mag mich selbst BEDINGUNGSLOS!*«

Sprechen Sie diese Worte wenn möglich laut und deutlich aus und mit soviel Emphase, wie Sie nur aufbringen kön- Das wird Ihnen anfangs bestimmt nicht leichtfallen, weil Ihr Unterbewußtsein Ihnen sicherlich widersprechen wird: »Wem willst du eigentlich mit diesem Blödsinn etwas vormachen?« Doch achten Sie bitte nicht darauf, ignorieren Sie solche Einwendungen! Denken Sie daran, daß Ihre Psyche immer noch sehr negativ programmiert ist und daß deshalb ihr Widerspruch nicht im geringsten ernst zu nehmen ist.

Sie werden vielleicht auch denken: »Ich *würde* mich ja selbst mögen – wenn ich fünfundzwanzig Pfund schlanker wäre!« Doch solche Gedanken sind zu diesem Zeitpunkt völlig normal. Beachten Sie sie deshalb genausowenig und bleiben Sie nur unbeirrt dabei, die Spiegeltechnik auszuführen! Denn damit leiten Sie die Neuprogrammierung Ihres Unterbewußtseins auf eine sehr wirkungsvolle Weise ein.

Noch einmal: Lassen Sie sich durch nichts beirren! Gleichgültig, ob Sie daran glauben oder nicht – wiederholen Sie diesen einen Satz! Das Wort, auf das es dabei besonders ankommt, ist ›bedingungslos‹. Es reicht nicht zu sagen: »Ich mag mich, wenn...« Sie *müssen* sagen: *»Ich mag mich selbst BEDINGUNGSLOS!«*

Führen Sie also diese Spiegelzeremonie wenigstens einmal morgens, direkt nach dem Aufstehen, und noch einmal am Abend durch, direkt vor dem Schlafengehen: Stellen Sie sich vor den Spiegel, schauen Sie sich in die Augen und sagen Sie laut und mit soviel Gefühl wie möglich: »Ich mag mich selbst bedingungslos!«

Doch auch tagsüber sollten Sie diese Aussage, sooft sie Ihnen in den Sinn kommt, laut oder – wenn dies die Umstände nicht erlauben – leise wiederholen, am besten natürlich vor dem Spiegel. Je öfter Sie sich diesen Satz vorsprechen, desto eher wird er Ihrem Unterbewußtsein zur Gewohnheit werden und sich auf Ihr Selbstbewußtsein auswirken.

In einundzwanzig Tagen zum Erfolg

Sie müssen die Spiegeltechnik genau einundzwanzig Tage lang durchführen. Wenn Sie zwischendrin einen einzigen Tag auslassen, müssen Sie ganz von vorne beginnen. Wie Sie sich vielleicht erinnern, braucht man wenigstens einundzwanzig Tage, um eine Gewohnheit zu ändern. Bei unserem Vorhaben geht es im Grunde genommen genau darum: eine schlechte Gewohnheit in eine gute umzuwandeln.

Einige meiner Studentinnen und Studenten erinnerten sich mit Hilfe kleiner Zettel, die sie an verschiedenen Plätzen anbrachten, an diese ihre Aufgabe. Sie hefteten die mit dieser Suggestionsformel beschrifteten Kärtchen an den Schreibtisch, an das Armaturenbrett des Autos, über den Herd und über das Waschbecken. Auf diese Weise konnten sie während der einundzwanzig Tage nie vergessen, die Worte »Ich mag mich selbst bedingungslos!« mehrmals zu wiederholen.

Eine Studentin schrieb sich sogar den Satz mit Lippenstift auf den Badezimmerspiegel und malte darunter einundzwanzig Kreuzchen. Jeden Abend, nachdem sie den Satz ausgesprochen hatte, wischte sie ein Kreuzchen weg: So konnte sie auch optisch mitverfolgen, wie sie dem Abschluß ihrer Umprogrammierung immer näherkam.

Sie werden sehen, daß dieser einfache kleine Satz tatsächlich sogar Ihren Tag retten kann. Angenommen, Sie hatten gerade eine unerfreuliche Begegnung oder Ihr Chef machte Sie für irgend etwas verantwortlich, an dem Sie in Wirklichkeit überhaupt keine Schuld traf: dann besinnen Sie sich auf Ihre wunderwirkende Formel und erklären Sie: »Ich mag mich selbst bedingungslos.« Selbst wenn Sie diese Worte nur flüstern können, erzeugen sie in Ihnen positive Gefühle, durch welche die – etwa durch Ihren Chef hervorgerufenen – negativen Emotionen aufgehoben werden.

Einer meiner Kursteilnehmer, der ebenfalls die ›Spickzettelmethode‹ anwandte, brachte ein Kärtchen mit dieser Suggestionsformel an einer sichtbaren Stelle im Inneren seines Kühlschrankes an. Wenn ihn nun sein spätabendlicher Eßzwang überkam, fiel sein Blick als erstes, wenn er den Kühlschrank öffnete, auf das Kärtchen. Er las den Satz und sprach ihn dann laut vor sich hin. Zu seiner eigenen Überraschung merkte er, daß ihm diese Selbstbestätigung entschieden dabei half, seiner Eßlust Herr zu werden. Ihm diente das übermäßige Essen nämlich als ein Ersatz für mangelnde Zuwendung und als Kompensation seiner

Minderwertigkeitskomplexe. Die Formel der Selbstbestätigung setzte aber genau an der Wurzel des Übels an: Sie baute sein Selbstwertgefühl auf, er begann sich allmählich nicht mehr so verlassen und einsam zu fühlen, und sein übermäßiges Verlangen nach Essen ließ nach.

Durch diese wenigen einfachen Worte wurde sein Selbstbewußtsein nach und nach soweit gestärkt, daß er sich schließlich eines schönen schlanken Körpers für würdig hielt, und zum ersten Mal in seinem Leben brachte er es fertig, eine Diät einzuhalten, und nahm in kurzer Zeit erheblich ab.

Eine andere Studentin fand es am leichtesten, sich die ›Worte der Macht‹ während der Autofahrt zur und von der Arbeit vorzusagen, denn ihre Verhältnisse zu Hause waren so beschaffen, daß sie zwar in den Spiegel schauen, aber nicht laut sprechen konnte. Während der Autofahrten jedoch schrie sie die Worte regelrecht heraus: »Ich mag mich selbst bedingungslos!«

Sie erzählte mir, gerade nach einem anstrengenden Arbeitstag könne sie sich dadurch wunderbar regenerieren und wieder zu sich selbst finden. Zu Hause angekommen, sei sie wieder frisch und erholt. Keine Frage, daß diese einfache Hilfe bei der Neuprogrammierung ihres Unterbewußtseins sich als eine Wohltat für sie und ihre ganze Familie auswirkte!

Wenn Sie mit der Spiegeltechnik beginnen, können anfangs verschiedene Reaktionen eintreten: Sie können lachen, sich einfach komisch fühlen oder sogar anfangen zu weinen. Doch machen Sie sich bitte darüber keine Gedanken, denn alle diese Reaktionen – oder auch mögliche andere – sind völlig normal. Jeder unserer Studenten erlebte eine oder gar mehrere davon; nur die ganz wenigen Menschen, die sich bereits vorher *wirklich* selbst leiden können, bleiben davon verschont.

Das Wichtigste an der Spiegeltechnik ist – und man kann es nicht oft genug wiederholen –, daß Sie sie einundzwanzig Tage kontinuierlich durchführen. Sie dürfen keinen Tag auslassen: *Es müssen einundzwanzig aufeinanderfolgende Tage sein.* Selbst die einfachste Sache der Welt braucht einundzwanzig Tage, um zu einer Gewohnheit zu werden oder – anders ausgedrückt – fest in Ihr Unterbewußtsein einprogrammiert zu werden.

Eine wirkliche Lebenshilfe

Das bedeutet aber nun keineswegs, daß Sie nach einundzwanzig Tagen die Spiegeltechnik abbrechen *sollen*. Im Gegenteil: Wenn Sie sie weiterhin durchführen – auch nachdem Sie Ihr Selbstbewußtsein genügend gestärkt haben –, werden Sie nach und nach erstaunliche Veränderungen an sich feststellen können. Je freier und selbständiger Sie durch die ›Worte der Macht‹ in Ihrem Inneren werden, desto leichter gelangen die in Ihnen ruhenden Fähigkeiten an die Oberfläche Ihres Bewußtseins. Die Tür zur schöpferischen Ebene Ihres Geistes, die durch die negativen Programmierungen Ihrer Kindheit so lange verschlossen geblieben war, wird sich ganz von selbst öffnen. Das ›Sesam-öffne-dich‹ zur Schatzkammer Ihres Geistes ist wirklich nur der simple Satz: »Ich mag mich selbst bedingungslos!«

Mit einemmal werden Sie vielleicht Ihre Begabung zum Malen, Schreiben, Dichten oder Musizieren entdecken. Möglicherweise ergreifen Sie einen anderen, befriedigenderen Beruf, weil Sie jetzt endlich die Kraft und den Mut, die ein solcher Schritt erfordert, aufbringen können. Dinge, Situationen und Gegebenheiten, von denen Sie früher immer nur zu träumen wagten, werden plötzlich

Wirklichkeit. *Nichts* wird mehr unmöglich sein, wenn unsere Zauberworte diese einstweilen noch verschlossene und verriegelte Tür erst geöffnet haben!

Jeden Tag werden wir – durch Fernsehen, Radio, Zeitungen und im Umgang mit Menschen – mit einer Fülle von ›Negativitäten‹ buchstäblich bombardiert. Gegen alle diese negativen Suggestionen, die uns programmieren ›wollen‹, müssen wir uns zur Wehr setzen, indem wir ihnen *Positives* entgegenstellen. Es spielt dabei keine Rolle, ob es sich dabei um Worte, Lieder oder auch nur Gedanken handelt. Wichtig ist, daß Sie sich dadurch mit einem ›positiven Mantel‹ umgeben, einem magischen Kreis, der Sie vor allen äußeren negativen Anfechtungen beschützt.

Akzeptieren Sie einfach keine negativen Programmierungen mehr! Es ist schließlich *Ihr* Unterbewußtsein, und Sie selbst können bestimmen, welche Informationen es speichern soll. Sie wissen jetzt, welchen Schaden negative Programmierungen anrichten. Schaffen Sie sich Ihren ›positiven Zauberkreis‹!

Wehren Sie auf diese Weise alles Negative von sich ab. *Sie* sind Herr über Ihren Geist, und nur Sie ganz allein können entscheiden, ob ein Mensch oder eine Situation Sie beherrscht – oder ob Sie sich selbst beherrschen.

Nehmen wir zum Beispiel an, Sie kommen am Morgen, mit sich und der Welt zufrieden, gut gelaunt ins Büro. Einige Minuten später trudelt Ihr Kollege ein – unausgeschlafen und mit einem üblen Kater – und ›begrüßt‹ Sie mit den Worten: »Was wird *das* wieder für ein mieser Tag werden!« Lassen Sie sich jetzt von seiner schlechten Laune anstecken und *Ihren* Tag durch seine negativen Programmierungen auch vermiesen? Nein, entgegnen Sie: »Also *ich* finde, heute ist ein wundervoller Tag, und mir geht's wirklich prima!«

An diesem Punkt liegt die Wahl bei Ihnen, nicht wahr? Entweder Sie pflichten Ihrem Kollegen bei – nur um höflich zu sein –, und Ihre Laune wird augenblicklich sinken. Oder aber Sie lassen seine ›Programmierungsversuche‹ einfach an sich ablaufen und bleiben – ganz für sich – bei Ihrer eigenen positiven Einstellung. Die Entscheidung liegt immer ganz und gar bei Ihnen!

Ich denke, Sie verstehen, worauf ich hinauswill: *Ihre* Reaktion und *Ihre* Haltung bestimmen in vielen Fällen den Ausgang einer gegebenen Situation und die Wirkung, die diese auf Sie und auf andere Beteiligte ausübt. Selbst der schlimmste Vorfall kann durch eine positive Reaktion, eine positive Einstellung, gemildert und verbessert werden. Versuchen Sie immer das Gute zu sehen, und alles wird sich als halb so schlimm erweisen!

Halten Sie sich an die Tatsachen!

Es gibt eine einfache Methode, problematische Situationen in den Griff zu bekommen. Schreiben Sie die Fakten auf – nicht Ihre diesbezügliche Meinung, nur einfach die nackten Tatsachen. In neun von zehn Fällen werden Sie dann merken, daß die Fakten selbst völlig unschuldig und unbedeutend sind. Es sind *Ihre* negativen Ansichten und fehlgeleiteten Überzeugungen, die aus der Mücke einen Elefanten machen!

Genauso ist es mit Ihrem Gewichtsproblem. Die einfache nackte *Tatsache* ist lediglich die, daß Sie über eine längere Zeit hinweg täglich zu viele Kalorien zu sich genommen haben. Ihre negative *Meinung* aber ist die, daß Sie niemals dazu fähig sein werden, alle diese angegessenen Pfunde wieder loszuwerden. Sie *denken*, daß Sie niemals die Willenskraft aufbringen können, eine Diät durchzuhalten, und daß Sie körperliche Qualen erdulden müßten, wenn Sie auf bestimmte Speisen verzichteten. Nichts davon ist wahr! Halten Sie sich immer nur an die Fakten und lassen Sie Ihre eigene Meinung aus dem Spiel, besonders wenn sie – wie in diesem Fall – ganz offensichtlich negativ ist!

Mit Hilfe unserer Spiegeltechnik und unserer positiven ›Worte der Macht‹ werden Sie sich also von Ihren Ängsten und Sorgen, Ihrer inneren Unsicherheit und Ihren falschen Ansichten und Überzeugungen befreien können. Es ist dieser geistige und seelische ›Ballast‹, der Sie bisher daran gehindert hat, sich selbst zu verwirklichen und die Figur zu erlangen, die Sie sich schon immer gewünscht hatten.

Beginnen Sie also noch heute mit dieser äußerst wirkungsvollen Technik. Gehen Sie zum Spiegel, schauen Sie Ihrem Spiegelbild, also sich selbst direkt in die Augen und sagen Sie laut, deutlich und mit möglichst viel Gefühl und Überzeugung:

»Ich mag mich selbst bedingungslos!«

6

Wie wichtig ist Entspannung?

Was ist Entspannung? Im Zusammenhang unseres Programms können wir Entspannung als eine Technik oder Fähigkeit definieren, durch die wir eine größere Kontrolle über unseren Körper und unsere Emotionen erlangen können.

Gerade in einer Gesellschaft wie der unsrigen, wo Spannung und Streß, die sich in Herzinfarkt, Magengeschwüren, Kolitis und so weiter auswirken, an der Tagesordnung sind, sollte der Entspannung ein wesentlicher Platz im Leben eines jeden Menschen eingeräumt werden. Wußten *Sie*, daß ständiger *Streß* außerdem in nicht geringem Maße zur *Fettleibigkeit* beiträgt? Bei einem Menschen, der unter extremem Streß steht, produziert die Nebennierenrinde eine erhöhte Menge an Kortison. Und wie Ihnen wahrscheinlich bekannt ist, bewirkt Kortison ein ›aufgedunsenes‹ Aussehen. Außerdem neigen gestreßte Menschen oftmals dazu – als eine Art inneren Ausgleichs –, häufiger oder mehr zu essen, als sie es unter normalen Umständen tun würden. Wir nennen diesen Eßzwang ›rituelles Essen‹ und werden uns im nächsten Abschnitt eingehender damit befassen.

Sollte übermäßiger Streß ein unvermeidlicher Bestandteil Ihrer Arbeit sein, dann täten Sie – wenn Sie gerne lange leben wollen – besser daran, sich schleunigst nach einem anderen Job umzusehen. Ist *das* aber nicht möglich, dann versuchen Sie unbedingt, die Entspannungsübungen besonders gewissenhaft durchzuführen, um die Auswirkungen des Stresses durch eine Neuprogrammierung Ihres Unterbewußtseins aufzuheben. Wenn Sie nichts dagegen tun, wirkt sich ständige starke Anspannung nicht nur in Übergewicht und schlimmen Krankheiten aus – sie führt unter Garantie zu einem früheren Tod!

Streß, Fettleibigkeit und das Überleben

Um genauere Erkenntnisse über die physischen Auswirkungen von Streß zu gewinnen, wurden eingehende wissenschaftliche Untersuchungen mit Ratten angestellt.

Zu diesem Zweck wurden die Versuchstiere in zwei Gruppen aufgeteilt. Die eine Gruppe wurde Streßbedingungen ausgesetzt, die so genau wie möglich denen entsprachen, die wir Menschen alltäglich erleiden müssen: Hitze, Kälte, Frustrationen, Hunger, Müdigkeit und allgemein unangenehme Situationen. Die Ratten der anderen Gruppe durften ein geradezu paradiesisches Leben führen: sie hatten genug zu essen, Ruhe und Erholung.

Spätere Autopsien ergaben, daß die Nebenniere und die Thymusdrüse sowie die Magenschleimhäute der gestreßten Raten blutig, deformiert und krankhaft angeschwollen waren. Bei den Tieren der Vergleichsgruppe wiesen die gleichen Organe nichts derartiges auf. Sie waren in allerbester Ordnung! Ursache dieser Veränderungen bei den Organen der gestreßten Ratten waren eindeutig die durch Streß hervorgerufenen negativen Emotionen. Genau das gleiche geschieht aber mit *unserem* Körper, wenn wir unter ständigem Streß stehen! Und deshalb sollten wir unbedingt etwas dagegen unternehmen.

Einer meiner Kursteilnehmer erzählte, er sei genau diesem fortwährenden Streß ausgesetzt gewesen, als er eine führende Position in der Industrie innehatte. Ihm unterstand eine Reihe von Angestellten, für deren Arbeit er verantwortlich war, und zudem übten seine Vorgesetzten einen ständigen massiven Leistungsdruck auf ihn aus. Da er mit diesem Dauerstreß nicht fertig wurde, erlitt er als Folge davon einen Herzinfarkt. Sein Arzt riet ihm dringend, erstens abzunehmen und zweitens zu lernen, sich zu entspannen: andernfalls hinge sein Leben nur noch an einem seidenen Faden.

Dieser Kursteilnehmer ist ein wirklich gutes Beispiel für viele Männer unserer heutigen Zeit, die lange vor ihren Frauen an einem Herzinfarkt sterben. Er wurde – wie viele andere Jungen auch – als ›richtiger Mann‹ erzogen, der nicht weint, keine Angst hat und ganz allgemein ›kein Waschlappen‹ ist. Als Erwachsener zeigte er deshalb nach außen hin immer die gleichmäßige, überlegene, ruhige Haltung eines Mannes, der alle Schwierigkeiten problemlos meistert. Doch Wut, Ärger und Angst stauten sich in seinem Inneren mehr und mehr an.

Selbst körperliche Schmerzen ertrug er – wie viele Männer – mit stoischem Gleichmut. Und er setzte sogar seine engsten Freunde durch die Ruhe in Erstaunen, mit der er wirklich extremen Situationen begegnete. Doch er war einfach nur von seinen Eltern perfekt programmiert worden. Sie hatten ihm immer und immer wieder eingetrichtert: »Es ist unmännlich, Schmerz und überhaupt Gefühle zu zeigen!«

Seine negative Programmierung stand auch in direktem Zusammenhang mit seinem Gewichtsproblem. Für ihn bedeutete Essen nämlich den unbewußten Versuch, die angestauten Emotionen, die er nach außen hin nicht zeigen durfte, auf diese Weise abzureagieren.

Doch er hielt sich an den Rat seines Arztes und lernte in unserem Kurs, sich zu entspannen. Er lernte auch, daß es keineswegs ›unmännlich‹ ist, seine Gefühle zu zeigen und auszuleben. Die positive Folge war, daß er völlig problemlos seine überflüssigen Pfunde abnehmen konnte!

Wir alle befinden uns tagtäglich in Streßsituationen – wenn auch wohl glücklicherweise nicht in gleichem Maße wie dieser Mann. Aber geschieht es nicht oft genug, daß der Wecker nicht klingelt und wir den Bus verpassen? Daß die Hypothekenrate bezahlt werden muß und kein Geld da ist? Daß ein Scheck längst überfällig ist? Daß wir uns überarbeiten, übermüdet sind oder Probleme in der Familie haben? Streß, wohin man schaut!

Rituelles Essen

Auf welche Weise versuchen wir, mit diesem übermäßigen Streß fertig zu werden? Nun, eine Art ist das bereits erwähnte übermäßige oder ›rituelle‹ Essen. Viele übergewichtige Menschen zeigen diese Verhaltensweise. Unter ›rituellem Essen‹ verstehen wir in diesem Zusammenhang zwanghaftes Essen, das dem unbewußten Zweck dient, sich von angestauter Spannung, Angst oder anderen psychischen Belastungen zu befreien.

Menschen, die diese Gewohnheit entwickelt haben, wissen in den seltensten Fällen, *was* sie eigentlich genau essen oder wie es schmeckt. Sie ›schaufeln‹ die Speisen einfach in sich hinein und essen so schnell, daß ihre Geschmacksknospen – bildlich gesprochen – nicht genügend Zeit finden, ihre Meldung an das Gehirn weiterzuleiten. Dieses zu schnelle Essen bereitet ihnen also keinen Eß*genuß*, es befriedigt lediglich ein emotionales Bedürfnis. Wie etwa der Alkoholiker zur Flasche und der Raucher zur Zigarette greift, so nehmen manche Menschen zum ›rituellen Essen‹ Zuflucht.

Eine meiner Kursteilnehmerinnen hatte einen Mann, der oft erst sehr spät abends von der Arbeit nach Hause kam. Sie war verärgert und frustriert, daß sie zwar verheiratet war, aber im Grunde genommen keinen Ehemann hatte. Um sich dafür zu entschädigen und sich ihre unfreiwillige Einsamkeit buchstäblich zu ›versüßen‹, kaufte sie in regelmäßigen Abständen eine ganze große Sahnetorte und aß sie in einem Sitz auf. Wie sie mir erzählte, wußte sie hinterher nicht einmal, wie die Torte geschmeckt hatte. Aber wenn sie mit dem Essen fertig war, hatte sie das befriedigende Gefühl, sich für ihre Frustration gerächt zu haben.

Eine andere Studentin, ein üppiges Mädchen mit einem sehr hübschen Gesicht, erkannte im Laufe unseres Kurses, daß sie jahrelang Tag für Tag zwei Stück Kuchen zum Nachtisch gegessen hatte – einzig um den Ärger mit ihrer Mutter zu bewältigen.

Es erscheint Ihnen vermutlich sehr kindisch, sich selbst auf eine solche Weise zu schaden, um sich an anderen zu rächen. Und doch verfahren viele Menschen gerade so, weil sie sich die Ursachen ihrer negativen Emotionen nicht bewußtgemacht haben.

Der erste Schritt zur Abschaffung dieser negativen Gewohnheit des ›rituellen Essens‹ ist also die Erkenntnis, daß man dazu neigt, sich in Streßsituationen zu überessen! Auch hier haben wir es mit einer Gewohnheit zu tun, die man durch eine richtige Umprogrammierung des Unterbewußtseins ein für allemal ablegen kann. Es gibt außerdem eine ganz einfache Methode, mit angestauten psychischen Belastungen und Frustrationen fertig zu werden: Jede körperliche Tätigkeit baut das durch die Anspannung im Körper angesammelte Adrenalin wirkungs-

voll ab. In jeder Streßsituation produziert die Nebennierenrinde nämlich eine erhöhte Menge dieses Hormons,
das mit der Zeit – wenn man nichts dagegen unternimmt
– die schwächsten Teile des Körpers angreift und zer-
stört.

Schmettern Sie also – bevor Sie sich an den Eßtisch set-
zen – einen Tennisball gegen die Wand, tragen Sie mit
Ihrem Kopfkissen einen Boxkampf aus, oder schrubben
Sie den Fußboden. Sie können tun, was Sie gerne möchten
und Ihrem Körper zumuten können, um das überflüssige
Adrenalin in Ihrem Körper ›abzuarbeiten‹!

Sie haben also gesehen, daß ›rituelles Essen‹ eine absolut falsche Methode ist, um Streß abzubauen. Die körperliche Betätigung beseitigt zwar das Adrenalin und verhindert dadurch übermäßiges Essen, doch beseitigt sie nur die
Symptome, nicht die Ursache.

Der einzige Weg, um über Ihr Unterbewußtsein dem
täglichen Streß wirkungsvoll zu begegnen und jede negative Auswirkung zu verhindern, ist die *Entspannung*. Nur
über die Entspannung erreichen Sie Ihr Unterbewußtsein
und können die dort gespeicherten negativen Verhaltens-
weisen löschen und sie durch neue, positive ersetzen.

Sehr viele Menschen sind sich nicht im geringsten dessen bewußt, daß sie tagtäglich ununterbrochen angespannt sind. Sie halten ihren Zustand für den Normalzu-
stand, weil sie es überhaupt nicht anders kennen. Niemand hat ihnen jemals den Unterschied zwischen Spannung und Entspannung gezeigt, und deshalb fehlt ihnen
auch jede Grundlage, um willkürlich von dem einen in
den anderen Zustand wechseln zu können.

Nur durch die bewußte Erfahrung eines bestimmten Zu-
standes prägen sich dessen Merkmale so dem Gehirn ein,
daß man ihn dann auch auf Wunsch absichtlich hervorrufen kann. Es ist aber eine Tatsache, die Sie sich leicht be-

wußtmachen können, daß man einen Zustand erst im Kontrast zu seinem Gegenteil deutlich erkennen kann. Den Zustand der *Anspannung* können Sie deshalb am besten im möglichst unmittelbaren Gegensatz zur *Entspannung* erfahren.

Das ist Anspannung

Folgende zwei Übungen sollen Ihnen zeigen, wie sich Anspannung anfühlt, damit Sie anschließend ihr Gegenteil, die *Entspannung*, deutlich davon unterscheiden können.

1. Strecken Sie die Arme aus und schließen Sie dann langsam beide Fäuste, so fest Sie können. Das Gefühl, das Sie in Ihren Muskeln bis zu den Schultern spüren, ist Anspannung!
2. Richten Sie Ihre Aufmerksamkeit auf Ihre Kiefer und beißen Sie die Zähne fest aufeinander! Runzeln Sie die Stirn, so fest Sie können, und kneifen Sie die Augen zu: Das ist Anspannung!

Behalten Sie bitte folgendes in Erinnerung: Anspannung ist eine Verkrampfung der Muskeln, und Entspannung ist vollkommene Muskellockerung. Sie müssen ein Gefühl für die Entspannung bekommen, um sie erstens zu erkennen und zweitens selbst willkürlich hervorrufen zu können.

Eine Entspannungsübung

Bei der folgenden Übung wollen wir versuchen, Ihnen dieses Gefühl für die Entspannung zu vermitteln, damit sich Ihrem Gehirn ein neuer Eindruck einprägt. Dieses Engramm – wie solche Eindrücke genannt werden – wird Ihnen dann im weiteren dabei helfen, den Unterschied zwischen Anspannung und Entspannung zu erfahren und jeweils deutlich festzustellen.

Setzen Sie sich also in Ihren Lieblingsstuhl und stellen Sie die Füße flach auf den Boden. Legen Sie die Hände locker in Ihren Schoß und atmen Sie dreimal tief durch, um Ihren Organismus mit Sauerstoff anzureichern und von überschüssigem Kohlendioxyd zu befreien.

Lassen Sie die Augen zunächst geöffnet.

1. Spannen Sie beide Arme und Hände an... (Pause)... Jetzt lösen Sie die Spannung und lassen Sie die Muskeln völlig erschlaffen. Versuchen Sie nicht, diesen Zustand zu *erzwingen*, lassen Sie ihn einfach *geschehen*. Wenn Sie es beim ersten Mal schaffen, lediglich *einen* Finger zu entspannen, genügt das vollkommen. Wie überall, macht auch hier Übung den Meister. Sie lernen die Entspannung nur, indem Sie immer wieder üben.

2. Ziehen Sie nun die Muskeln Ihrer Stirn und um Ihre Augen leicht zusammen... (Pause)... Jetzt lösen Sie alle Spannungen.

3. Jetzt spannen Sie die Kiefermuskeln und die Muskeln um den Mund leicht an... (Pause)... Nun lösen Sie alle Spannungen, lassen Sie allen Druck.

4. Spannen Sie Ihre Schulter- und Rückenmuskulatur leicht an.... (Pause). Jetzt lösen Sie alle Spannungen, lassen Sie allen Druck und versetzen Sie diese Bereiche Ihres Körpers in einen Zustand tiefer Entspannung. Versuchen Sie jedesmal, wenn Sie die Übung ausführen, eine tiefere Ebene der Entspannung zu erreichen. Doch erzwingen Sie nichts.

5. Atmen Sie nun tief ein und spüren Sie, wie sich Ihr Brustkorb beim Ausatmen entspannt.

6. Spannen Sie nun die Bauchmuskulatur leicht an... (Pause). Lösen Sie alle Spannungen, lassen Sie allen Druck.
7. Jetzt benutzen Sie Ihre kreative Vorstellungskraft und entspannen Sie die gesamte Brust- und Magengegend innerlich... (Pause)... Entspannen Sie sich tief.
8. Benutzen Sie immer noch Ihre kreative Vorstellungskraft und entspannen Sie alle inneren Organe, die Drüsen und selbst die einzelnen Körperzellen. Erlauben Sie ihnen, ganz normal und entspannt zu funktionieren.
9. Spannen Sie die Füße und die Zehen an... (Pause)... Jetzt entspannen Sie Ihre Füße und Zehen.
10. Entspannen Sie jetzt Ihren ganzen Körper vom Scheitel bis hinunter zu Ihren Zehenspitzen. Versuchen Sie es.

Stellen Sie sich jetzt mit Hilfe Ihrer kreativen Vorstellungskraft vor, wie sich eine Woge der Entspannung – einer Flutwelle gleich – über Sie ergießt, wie sie Ihren ganzen Körper von Kopf bis Fuß überschwemmt. Jeder Muskel, jeder Nerv, den die Welle berührt, wird augenblicklich vollkommen entspannt. Lassen Sie sich von der Woge der Entspannung noch einmal überschwemmen und sich vom Scheitel bis zu den Zehenspitzen wohlig entspannen. Wiederholen Sie nun die gesamte Übung mit geschlossenen Augen.

Wenn Sie sehr verkrampft sind und es Ihnen schwerfällt, das ›Gefühl‹ für Entspannung zu bekommen, kann ich Ihnen eine wirksame Hilfe empfehlen. Lassen Sie sich diese Übung von einem Freund oder einem anderen vertrauten Menschen vorlesen. Hören Sie lediglich aufmerksam zu und überlassen Sie sich ganz der gelösten Empfindung, die Sie überkommt.

Es ist außerordentlich wichtig, daß Sie die Entspannung *passiv geschehen* lassen. Sie sollten sie keineswegs nach dem Motto »Koste es, was es wolle« aktiv erzwingen wollen. Selbst wenn Sie anfangs nur einen einzigen Körperteil entspannen können, ist das schon ein wirklicher Fortschritt. Gerade wenn Sie zu den Menschen gehören, die bis zum jetzigen Zeitpunkt meist ganz und gar verkrampft waren, erfordert völlige Entspannung Zeit und Übung. Aber Sie werden merken, daß es Ihnen bei jedem Mal, da Sie die Übung durchführen, leichterfällt. Also verzagen Sie bitte nicht und geben Sie nicht gleich auf!

Eine meiner Studentinnen nahm diese Übung auf Band auf und spielte sie sich immer wieder vor. Auf diese Weise bekam sie das ›Gefühl‹ für Entspannung und prägte es bei jeder Wiederholung tiefer in ihr Gehirn ein. Infolgedessen fiel es ihr von Mal zu Mal leichter, sich von jeglicher Anspannung zu befreien.

Eine andere Studentin versuchte es ebenfalls mit dem Kassettenrecorder, konnte aber ihre eigene Stimme nicht leiden. Und da viele andere Studenten die gleiche Erfahrung machten, gingen die Lehrer der einzelnen Kurse schließlich dazu über, selbst Bänder zu besprechen. Dies hat sich als äußerst wirksam erwiesen: In vielen Fällen erlernten Studenten die Entspannung in der Hälfte der sonst benötigen Zeit.

Entspannung öffnet die Tür zum Unterbewußtsein

Die oben beschriebene Übung sollten Sie mindestens ein-, besser zweimal am Tag durchführen, bis Sie wirklich ein ›Gefühl‹ für die Entspannung entwickelt haben. Doch wenn Sie dann soweit sind, haben Sie auch die Tür zu Ihrem Unterbewußtsein geöffnet und können es nun neu programmieren. Sie wissen ja: Nur über die Entspannung können Sie Ihr Unterbewußtsein erreichen!

Es hat sich in der Praxis erwiesen, daß die beste Tageszeit für diese Übung für Morgenmenschen der Nachmittag und der Vormittag für Nachtmenschen ist. Wenn Sie am liebsten frühmorgens aufstehen, den Tag energisch angehen und am Nachmittag Ihr Leistungstief haben, dann sind Sie ein Morgenmensch. Lieben Sie es jedoch, möglichst lange zu schlafen, dafür bis in die Nacht hinein aufzubleiben, dann sind Sie ein Nachtmensch. Entscheiden Sie also, zu welcher Gruppe *Sie* gehören, und führen Sie die Übung zu dem Zeitpunkt durch, wenn Sie *Ihr* Leistungstief haben.

Wie Sie deutlich an sich selbst feststellen werden, wirkt sich die tägliche Entspannungsübung ganz allgemein höchst positiv auf Ihr körperliches und seelisches Wohlbefinden aus. Sie werden Ihre täglichen Probleme weit leichter bewältigen und Ihr Unterbewußtsein allmählich neu programmieren können. Doch darüber hinaus hat es sich bei unseren Kursen wiederholt erwiesen, daß während der Entspannungsübung Bilder aus dem Unterbewußtsein an die Oberfläche Ihres Wachbewußtseins gelangen, die Ihnen Aufschlüsse über Ihre Gewichtsprobleme geben können. In vielen Fällen offenbart sich auf diese Weise auch die eigentliche Ursache.

Eine unserer Studentinnen fand so heraus, daß die Schuldgefühle gegenüber ihrem Vater die Ursache für ihr Übergewicht waren. Sie hatte es nicht geschafft, auf eine andere Art und Weise seinen übergroßen Erwartungen gerecht zu werden, die sie als kleines Mädchen allzusehr belasteten.

Nach außen hin schien sie überhaupt keine Gewichtsprobleme zu haben, denn sie war schlank und wohlproportioniert. Doch mußte sie, wie sie uns erzählte, ständig gegen ihre Gelüste nach ›Kalorienbomben‹ ankämpfen, und wenn sie einmal der Versuchung unterlag, quälten sie anschließend fürchterliche Schuldgefühle. Als sie zu uns kam, war sie so völlig zermürbt, daß sie aufgeben wollte. Sie hielt die ständige Anstrengung, den leckeren Versuchungen zu widerstehen, einfach nicht mehr aus!

Bei einer Entspannungsübung erkannte sie dann, daß es im Grunde nicht *ihr* Kampf war, sondern der ihres Vaters. *Sie* hatte nur – ohne es zu verstehen – *seinen* Kampf zu dem ihren gemacht.

Bei einem anderen Studenten lag der Fall entgegengesetzt: Er erkannte während einer der Entspannungspausen, daß er die ganze Last der Schuld am frühen Tod seiner Mutter getragen hatte. Sie starb, als er noch ein kleines Kind war, und er glaubte seitdem, sein schlechtes Betragen sei für ihren Tod verantwortlich gewesen. Es ist leider nur allzuoft der Fall, daß Kinder so lange der festen Überzeugung sind, am Tod eines Elternteils schuldig zu sein, bis man sie eines Besseren belehrt. Doch bis dahin verbringen sie unbewußt ihr Leben damit, diese – völlig eingebildete – Schuld zu sühnen.

Die Buße, die sich dieser Student selbst auferlegt hatte, bestand darin, daß er sich jegliches Recht absprach, gut auszusehen. Er hatte die Last des Übergewichts auf sich genommen und wollte sie nun für den Rest seines Lebens tragen. Wenn ich sage ›wollte‹, dann vergegenwärtigen Sie sich bitte, daß er sich nicht im geringsten dessen bewußt war, was er tat und aus welchem Grunde er es tat. Doch sein ganzes Leben kreiste tatsächlich um diese eine Tragödie seiner Kindheit.

Niemand unter seinen Freunden und Verwandten hatte erkannt, wie es um ihn stand, und niemand hatte ihm deswegen helfen können, diese eingebildete Schuld abzubauen.

Jetzt können Sie selbst die Verantwortung übernehmen

Glücklicherweise sind die Ursachen für Übergewichtsprobleme selten derart traumatischer Natur. In den meisten Fällen liegen ihnen lediglich ›ganz normale‹ negative Programmierungen aus der Kindheit zugrunde. Doch wer auch immer Ihnen die ›falschen Daten‹ eingab, er tat es wohl nicht in böser Absicht, und Sie sollten ihn auch nicht für Ihren jetzigen Zustand verantwortlich machen.

Bis vor gar nicht langer Zeit wußte man noch sehr wenig über die Funktionsweisen des Unterbewußtseins und der menschlichen Psyche überhaupt. Heute allerdings hat sich die Situation beträchtlich geändert, und wenn Sie dieses Buch – und vielleicht noch das eine oder andere Buch von Dr. *Joseph Murphy* – zu Ende gelesen haben, werden auch Sie wissen, wie Sie Ihr Bewußtsein verändern und somit auch Ihr Unterbewußtsein richtig programmieren können. Dann werden Sie aber auch niemand anderen mehr für negative Programmierungen zur Rechenschaft ziehen können, denn ab *dem* Zeitpunkt tragen Sie und nur Sie allein die Verantwortung!

Und vergessen Sie nicht: Wenn Sie sich selbst ändern, verändern Sie auch Ihre Umwelt. Die Welt wird nicht im großen, sondern im kleinen besser. Man muß immer bei sich selbst anfangen!

Jetzt werden Sie verstehen, welch große Bedeutung der Entspannung zukommt. Ohne Entspannung werden Sie nicht bis zu den Ursachen Ihrer Probleme vordringen können. Sie werden sich immer nur mit den Symptomen abplagen müssen – und daß *das* keine Lösung ist, wissen Sie wohl selbst gut genug. Mit den Symptomen ist es wie mit dem Unkraut: Man wird es nur dann endgültig los, wenn man es mit den Wurzeln ausreißt!

Der natürliche ›Tranquilizer‹

Um sich also Ihres Gewichtsproblems ein für allemal zu entledigen, müssen Sie die Ursache dafür herausfinden und sie vernichten. Es gibt keinen anderen Weg! Ihr Übergewicht ist das direkte Ergebnis Ihres falschen Denkens, meist in Verbindung mit irgendeinem unterschwelligen emotionalen Problem.

Viele Menschen ertränken ihre Sorgen im Alkohol, nehmen Zuflucht zu Drogen oder anderen ›künstlichen Paradiesen‹, um dem täglichen Streß und ihren emotionalen Problemen zu entrinnen. Aber Sie können Ihren negativen Gefühlen und allem Streß auf eine sehr natürliche Weise entgegenwirken: Benutzen Sie das von der Natur für Sie erfundene ›Beruhigungsmittel‹ – die *Entspannung!*

BENUTZEN SIE DIE KREATIVE MACHT
IHRES GEISTES!

7

Schöpferische Vorstellungskraft

Was ist schöpferische Vorstellungskraft? Zuerst einmal ist sie ein Werkzeug, das Ihnen wirkungsvoll dabei helfen kann, Ihr Unterbewußtsein umzuprogrammieren. Wie wir nun wissen, denkt Ihr Geist in Bildern, und um seine Fähigkeiten voll ausschöpfen zu können, müssen wir deshalb unsere kreative Phantasie wieder aktivieren lernen.

Ich sagte absichtlich ›wieder‹, denn alle kleinen Kinder sind ja in wirklich eindrucksvoller Weise mit Phantasie begabt. Doch aufgrund mangelnden Verständnisses seitens der Eltern – und später der Lehrer – wird diese Fähigkeit im Laufe des weiteren Lebens so sehr unterdrückt, daß sie schließlich bei den meisten von uns verkümmert. Man lehrt die Kinder, ›vernünftig‹ und analytisch zu denken und ausschließlich ihren Verstand zu gebrauchen.

Nicht daß Sie mich falsch verstehen: Ich möchte keineswegs dem logischen Denken seine wesentliche Bedeutung für unser Leben absprechen. Doch handelt es sich hierbei nur um *eine* notwendige Komponente geistiger Aktivität. Die schöpferische Vorstellungskraft aber sollte ein weiterer und mindestens ebenso ernstzunehmender Bestandteil unserer psychischen Konstitution sein.

Diese unsere heutige phantasiefeindliche Erziehung wird noch durch einen weiteren Umstand verschlimmert: Kaum ein Kind sitzt nicht wenigstens ein oder zwei Stunden am Tag vor dem Fernseher, und durch Videorecorder und zunehmende Verkabelung wird diese negative Beeinflussung sogar noch weiter gefördert. Das Kind bekommt die Bilder fix und fertig vorgesetzt, braucht also weder seine Vorstellungskraft *noch* seinen Verstand zu aktivieren. Es muß sich eine Szene nicht mehr ausmalen oder die Charaktere einer Handlung nach seiner eigenen Phantasie gestalten – wie es dann der Fall wäre, wenn es ein Buch lesen würde. Bereits im Alter von zehn oder zwölf Jahren haben unsere Kinder also meistens die Fähigkeit zur schöpferischen Vorstellung fast völlig eingebüßt. Wenn wir dann erwachsen sind und gelegentlich doch hin und wieder einen kreativen Einfall haben, überrascht er uns so, daß wir ihn meist schlicht als ›reine Einbildung‹ abtun und sofort vergessen.

Ein kleines Experiment

Lassen Sie uns an dieser Stelle einen kleinen Test versuchen: Wir wollen sehen, ob und bis zu welchem Grade Ihre kreative Vorstellungskraft auch heute noch funktioniert. Schließen Sie am Ende dieses Absatzes die Augen und versuchen Sie, sich während der nächsten drei oder vier Minuten einen Apfel vorzustellen. Wie dieser Apfel beschaffen sein soll, können Sie selbst entscheiden.

An dem Bild, das eben vor Ihrem geistigen Auge entstand, können Sie ermessen, ob Sie noch an der Entwicklung Ihrer Phantasie arbeiten müssen. Vielleicht gehören Sie aber auch zu jenen wenigen Glücklichen, deren Vorstellungskraft selbst die vereinten Einflüsse der heutigen Gesellschaft nicht ausmerzen konnten?

Haben Sie einen dicken, runden, roten Apfel gesehen oder einen angebissenen grünen? Einen Apfel mit einem

Wurm drin oder einen ganzen Baum, der voller Äpfel hing? Es spielt vorläufig überhaupt keine Rolle, *was* Sie gesehen haben. Wichtig ist, *daß* Sie etwas sehen konnten. Einige meiner Studenten waren nicht imstande, ein richtiges Bild zu visualisieren. Sie hatten lediglich das Gefühl oder stellten sich vor, einen Apfel zu sehen. Doch selbst das wäre ein Beweis dafür, daß Ihre kreative Vorstellungskraft noch nicht gänzlich verkümmert ist und daß Sie mit Sicherheit bald lernen werden, mit ihr umzugehen und sich ihrer zu bedienen.

Eine Botschaft des Unterbewußtseins

Wenn ich vorhin sagte, es spiele überhaupt keine Rolle, *was* Sie sich vorstellen, so stimmt das nicht ganz. Denn das Bild des Apfels, wie Sie ihn vor Ihrem geistigen Auge sehen, gibt Ihnen Aufschlüsse über sich selbst. Wenn Sie sich zum Beispiel einen halbaufgegessenen Apfel vorstellen, könnte dies als Ihr unbewußtes Gefühl interpretiert werden, irgend jemand vergreife sich an etwas, das Ihnen gehört. Sehen Sie dagegen einen Wurm im Apfel, so sagt Ihnen Ihr Unterbewußtsein damit vielleicht, daß Sie sich selbst für unvollkommen halten.

Eine Teilnehmerin an unserem Kurs sah mehrere verschrumpelte Pfirsiche in einer Schale. Wie sie mir später erklärte, hatte ihr der Arzt empfohlen, viel Obst und namentlich Pfirsiche zu essen. Doch da sie sich dagegen sträubte, blieben die Früchte tagelang liegen und schrumpelten mit der Zeit immer mehr ein. Die Tatsache, daß das Unterbewußtsein ihr das Bild des runzligen Obstes ›auftischte‹, schien darauf hinzudeuten, daß sie unbewußt etwas wie trotzigen Stolz darüber verspürte, daß sie ihre Diät *nicht* einhielt.

Es war nun an ihr, zu ergründen, woher diese Gefühle kamen. Und bei einer der Entspannungsübungen fand sie auch tatsächlich die Antwort heraus. Sie hatte eine jüngere Schwester, die als Kind immer ihren Willen hatte durchsetzen können und der auch sie selbst sich in den allermeisten Fällen ohne Widerrede untergeordnet hatte. In ihrem Inneren wehrte sie sich gegen diese schwesterliche Diktatur und steigerte sich immer mehr in eine stille Rebellion hinein. Nach außen hin aber zeigte sie nicht die geringste negative Reaktion.

Als ihr nun Jahre später der Arzt riet, eine Diät einzuhalten, stimmte sie ihm äußerlich zu; innerlich baute sich aber bereits die gleiche Rebellion gegen *seine* Autorität auf wie früher gegen die ihrer Schwester. Die sichtbare Folge dieses inneren Protestes waren Pfirsiche, die in der Schüssel vor sich hin schrumpelten.

Diese plötzliche Einsicht – dieses Erkennen der Ursache für manches merkwürdige Verhalten, mit dem sie sich selbst und ihre Familie in der Vergangenheit immer wieder in Erstaunen versetzt hatte – vermittelte ihr mehr Wissen über sich selbst als alle bisherigen Begebenheiten ihres Lebens.

Um also Ihre schöpferischen Fähigkeiten richtig zu entwickeln, versuchen Sie am besten, sie mit Hilfe von Bildern zu aktivieren. In Kapitel vier (»Schalten Sie Ihren Computer ein!«) hatte ich Ihnen vorgeschlagen, ein Bild von sich selbst mit Ihrer Idealfigur oder ein entsprechend präpariertes Zeitungsfoto an der dafür vorgesehenen Stelle im Buch einzukleben. Zusätzlich möchte ich Ihnen jetzt empfehlen, ein ebensolches Bild an einer Stelle in Ihrer Wohnung anzubringen, wo Sie es mehrmals am Tag unweigerlich sehen werden.

Einer meiner Kursteilnehmer klebte dieses zweite Bild auf seinen Kühlschrank. Es war ein Foto aus seiner Zeit als junger Sportler – einer Zeit also, in der er in körperlicher Höchstform gewesen war. Er hatte seitdem nie wieder so gut ausgesehen noch – wie er sagte – sich so gut gefühlt wie damals. Er berichtete, daß ihm jedesmal, wenn er sich aus dem Kühlschrank einen verbotenen Leckerbissen holen wollte, das Bild mit seinem Wunschkörper sofort ins Auge fiel. Mehr als einmal hielt ihn das ab, den Kühlschrank auch nur zu öffnen. Außerdem betrachtete er dieses ›vollkommene‹ Bild seiner selbst jedesmal, bevor er seine Entspannungsübung durchführte, und verinnerlichte es auf diese Weise so gut, daß es ihm zunehmend leichter fiel, sich im Essen einzuschränken.

Die vier Bewußtseinszustände

An dieser Stelle ist es vielleicht angebracht, Ihnen zu erklären, *warum* diese Methode zum Abnehmen so gut funktioniert. Wenn Sie nämlich die wissenschaftliche, psycho-physiologische Erklärung kennen, sind Sie vielleicht auch eher bereit, sich auf unser Programm einzulassen.

Wie Sie wahrscheinlich wissen, erzeugen die unzähligen Nervenzellen des Gehirns schwache elektrische Impulse. Einige davon erfahren wir als Bewußtseinstätigkeit (Wahrnehmung und Denken im weitesten Sinne), während andere über Nervenbahnen zur Steuerung aller physischen Vorgänge in den gesamten Körper weitergeleitet werden. Das Gehirn ist also in einer ununterbrochenen elektrischen Tätigkeit begriffen – es ›steht ständig unter Strom‹.

Das ›bioelektrische‹ Potential des Gehirns ist aber nicht immer gleich stark, sondern schwankt in Abhängigkeit von dessen bestimmter Tätigkeit. Diese Schwankungen können mittels Elektroden abgeführt und mit Hilfe eines sogenannten Elektroenzephalographen als Wellen unterschiedlicher Frequenz aufgezeichnet werden (EEG). Man unterscheidet dabei vier verschiedene Hirnstromwellen: Betawellen, Alphawellen, Thetawellen und Deltawellen.

Betazustand (aktives Wachbewußtsein):
Dies ist die ›handelnde‹ Aktivität Ihres Geistes und die, welcher Sie sich am meisten bewußt sind. Auf dieser Ebene vollziehen Sie Ihr rationales Denken. Hier empfangen Sie auch die Informationen aus Ihrer Umgebung vermittels der Sinnesorgane, indem Sie hören, riechen, fühlen, schmecken und sehen. Doch finden nur etwa zehn Prozent Ihres gesamten Denkens auf dieser Ebene statt. Die Hirnstromfrequenz beträgt hier zwischen vierzehn und dreißig Hertz (Schwingungen in der Sekunde).

Alphazustand (›passives‹ Wachbewußtsein, Unterbewußtsein):
Dies ist die ›schöpferische‹ Aktivität Ihres Geistes, die Sie (willentlich) *nur* über die Entspannung entfallen können. Das ist das Reich der Erinnerung, der Inspiration, der Kreativität, des inneren Friedens, der außersinnlichen Wahrnehmung und anderer erstaunlicher Fähigkeiten! Der Wert der Entspannung kann wirklich nicht genug betont werden, da *nur sie* solche Aktivität ermöglicht. Die Schwingungen liegen hier zwischen acht und dreizehn Hertz.

Es gibt mehrere Anzeichen, an denen Sie erkennen können, daß Sie sich im Alphazustand befinden. Zum einen könnten Sie beispielsweise ein blaues Licht vor Ihrem geistigen Auge sehen – oder auch andere Farben. Vielleicht kommt es Ihnen auch so vor, als spanne sich ein festes Band um Ihre Stirn. Sie fühlen sich möglicherweise leicht, wie schwebend. Doch wie auch immer – Sie werden es sehr bald selbst merken, wenn Sie sich in diesem Zustand herabgesetzten Bewußtseins befinden.

Thetazustand:
In diesen Zustand stark herabgesetzten Bewußtseins gelangen aufgrund jahrelanger Übung und Erfahrung ›Meister‹, wenn sie meditieren. Die Frequenz liegt hier bei nur vier bis sieben Schwingungen pro Sekunde.

Deltazustand:
Wenn das Gehirn Wellen in dieser Frequenz aussendet, befinden Sie sich im Tiefschlaf oder einem der Bewußtlosigkeit ähnlichen Zustand. Man weiß sehr wenig über die Deltaebene. Ihre Frequenz liegt bei nur 0,5 bis drei Schwingungen pro Sekunde.

Sie sehen jetzt also selbst: Je mehr Sie lernen, sich zu entspannen, desto mehr können Sie dadurch die Schwingungsfrequenzen Ihrer Hirnstromwellen – von zirka dreißig auf ungefähr sieben Hertz – verlangsamen. Gleichzeitig damit erlangen Sie mehr und mehr Zutritt zu all den erstaunlichen Fähigkeiten, deren Sie sich bisher nicht bewußt waren. Sie werden sich allmählich in einen schöpferischen Menschen voller Ideen, Energie und Tatendrang verwandeln!

Die Grund-Entspannungsübung

Die folgende Übung soll Ihnen dabei helfen, die Frequenz Ihrer Gehirnwellen zu senken und auf diese Weise den Alphazustand Ihres Bewußtseins zu erreichen. Dann können Sie mit der Neuprogrammierung Ihres Unterbewußtseins beginnen, um den Körper Ihrer Träume zu erlangen.

Lesen Sie bitte die gesamte Übung, bevor Sie damit anfangen, und halten Sie sich dann genau an die angegebene Reihenfolge der Schritte:

Nehmen Sie eine bequeme Stellung ein, legen Sie die Hände locker in den Schoß und schlagen Sie die Beine nicht übereinander.

Schließen Sie nun die Augen, atmen Sie einige Male tief durch und wiederholen Sie beim Ausatmen im Geiste das Wort: *entspannen.*

Um weiter in die Alphaebene vorzudringen, atmen Sie immer noch tief durch, und wiederholen Sie nun beim Ausatmen: *innen entspannen.*

Jetzt werden Sie, um immer tiefere und tiefere Bereiche des Alphazustands des Bewußtseins zu erreichen, nacheinander alle Teile Ihres Körpers entspannen – angefangen bei Ihrer Kopfhaut und Ihrem Kopf. Sie werden auf diese Weise die Schwingungen Ihrer Gehirnwellen immer weiter verlangsamen, bis Sie schließlich eine Frequenz von ungefähr acht Hertz erreichen.

Versuchen Sie sich diesen Vorgang bildlich vorzustellen, um dadurch schneller ans Ziel zu gelangen: Sie sehen ein Rad vor sich, das sich anfangs sehr schnell dreht, dann allmählich langsamer und immer langsamer wird – in gleichem Maße, wie Sie Ihren Körper vom Scheitel bis zu den Zehenspitzen entspannen. Je langsamer sich das Rad dreht, desto wohliger und friedvoller fühlen Sie sich.

Entspannen Sie also mit Hilfe Ihrer schöpferischen Vorstellungskraft Ihre Kopfhaut und Ihren ganzen Kopf. Entspannen Sie Ihre Stirn und die Gesichtsmuskeln. Öffnen Sie leicht den Mund und entspannen Sie Ihre Kaumuskeln. Erlauben Sie diesem Gefühl der Entspannung, Ihren ganzen Körper zu durchdringen und bis hinunter zu den Zehen zu gelangen.

Stellen Sie sich jetzt vor, den Hals und die Schultern zu entspannen, dann die Arme und Hände. Spüren Sie, wie die Entspannung langsam nach unten fließt. Das Rad wird langsamer und langsamer und immer langsamer.

Benutzen Sie Ihre kreative Phantasie, und entspannen Sie die Rücken- und Brustmuskulatur und Ihre Bauchmuskeln. Lassen Sie diese wohlige Entspannung bis in die Zehenspitzen hinunterfließen.

Stellen Sie sich vor, wie Sie Ihre Hüften und Beine entspannen, wie die Entspannung Ihre Waden und Füße durchströmt und weiter bis in die Zehen fließt.

Es ist ein sehr angenehmes Gefühl, so tief entspannt zu sein!

Nun befinden Sie sich in tieferen Bereichen Ihres Bewußtseins. Das Rad dreht sich nur noch sehr, sehr langsam.

Stellen Sie sich nun – um den Alphazustand noch intensiver zu erleben – eine friedliche, angenehm ruhige Umgebung vor, den idealen Platz zur Entspannung, wo immer er auch sei. Malen Sie sich einen sandigen, sonnendurchwärmten Strand oder ein moosiges Plätzchen unter einer Kiefer im Gebirge aus. Sie können auch auf einem Stein an einem klaren Bergbach oder auf einer Wiese unter einem blühenden Apfelbaum sitzen. Vielleicht liegen Sie auch am liebsten auf Ihrem eigenen Bett. Ich wiederhole: Sie haben völlig freie Hand bei der Wahl *Ihres* ›Entspannungsparadieses‹.

Jetzt befinden Sie sich auf diesem Platz und entspannen sich fünf Minuten lang sehr tief. Atmen Sie langsam tief durch, gleiten Sie immer tiefer und tiefer in die Entspannung hinein. Spüren Sie, wie sich das Rad immer langsamer und langsamer dreht.

Wenn Sie sich nun in diesem traumähnlichen Zustand befinden, stellen Sie sich vor, wie Sie an einem schönen

Nachmittag im Mai am Ufer eines träge fließenden Flusses stehen. Ein kleines Boot wartet auf Sie. Steigen Sie ein und legen Sie sich auf die weichen Kissen, die Sie auf seinem Boden sehen. Das Boot treibt auf den Fluß hinaus und schaukelt sanft auf den trägen Wellen des Wassers. Vor und zurück, hoch und runter, im Gleichklang mit den ruhigen Bewegungen des Flusses. Während das Boot langsam den Fluß hinabgleitet, spüren Sie nur dieses weiche Schaukeln, hören das Wasser gegen die Planken schwappen, Sie riechen die süße Feuchtigkeit der Luft und sind sich der angenehmen Wärme der nachmittäglichen Sonne bewußt.

Eine leichte Brise streichelt sanft Ihren Körper, der matt und entspannt auf den Kissen ruht. An den Ufern des Flusses singen Amseln, und die Grillen zirpen im Unterholz — welch ein wundervoller sommerlich schöner Tag!

Nun dringt zu Ihnen der betörende Hauch des Flieders und der Duft von Rosenhecken, die blühende Wiesen umsäumen, auf denen schwarzbunte Kühe geruhsam weiden. Sie nehmen den Duft völlig in sich auf, während Sie den kleinen Wölkchen am blauen Himmel gedankenlos nachschauen.

Sie fühlen sich vollkommen im Einklang mit sich selbst, wunschlos und still, voll inneren Friedens, während Sie immer weiter den Fluß hinabgleiten und sich sanft vom Boot schaukeln lassen. Empfinden Sie einige Augenblicke lang alle Eindrücke auf einmal: Hören Sie den Gesang der Amseln und das Zirpen der Grillen, spüren Sie den zarten Hauch des Windes, riechen Sie den Duft der Fliederbüsche und Rosenhecken und sehen Sie die kleinen Wölkchen am Himmel treiben. Während Sie so weiter auf dem Fluß dahingleiten und sich von den Sonnenstrahlen von Kopf bis Fuß durchwärmen lassen, fühlen Sie sich vollkommen entspannt und ganz und gar von Frieden erfüllt. Sie sind bis an das innerste Zentrum Ihres Wesens vorgedrungen – bis an *das* Zentrum, das durch äußere Gegebenheiten nicht berührt werden kann. Es ist das kreative Zentrum, das Sie nur durch wirklich tiefe Entspannung erreichen können!

Nehmen Sie Ihren Idealkörper an!

Nun treibt das Boot langsam dem Ufer zu, und ein wenig später bremsen Wasserpflanzen seine Fahrt. Dann gleitet es auf den Strand, und Sie können langsam aussteigen. Da sehen Sie plötzlich sich selbst vor sich stehen – doch nicht in der Gestalt, wie Sie jetzt sind, sondern mit dem Körper, den Sie sich schon immer wünschten. Es überrascht Sie jedoch nicht im geringsten, sich selbst mit diesem Idealkörper zu sehen. In Ihrem Inneren ›wissen‹ Sie nämlich, daß diese Vision Wirklichkeit ist.

Nun wird das Bild immer klarer und deutlicher: Sie können sich jetzt ganz genau betrachten. Die Proportionen und die gesamte Erscheinung des Körpers stimmen aufs I-Tüpfelchen mit Ihren Vorstellungen überein.

Gehen Sie auf den Körper zu und dringen Sie in ihn ein. Spüren Sie sich selbst in diesem Körper und versichern Sie sich, daß er wirklich ganz und gar Ihren Vorstellungen entspricht. Wenn Sie noch eine Veränderung wünschen, nehmen Sie sie vor. Ändern Sie an dem Körper, was immer Sie wollen!

Bewegen Sie sich in dem Körper, spüren Sie seine Kraft und Gewandtheit, die Geschmeidigkeit seiner Bewegungen. Spüren Sie seine überströmende Kraft und das dynamische Leben, das ihn erfüllt. Und überzeugen Sie sich davon, daß wirklich alles so ist, wie Sie es sich wünschen. Wenn Sie sich in diesen Körper einfühlen, ihn ganz genau kennenlernen und erforschen – wenn Sie *wissen*, daß es Ihr *eigentlicher* Körper ist, dann wird Ihre gegenwärtige Erscheinung auch allmählich diese ideale Gestalt annehmen. In diesem Augenblick sind Sie auf dem besten Weg, diesen Idealkörper Wirklichkeit werden zu lassen, und Sie werden ab jetzt alles dazu tun, ihn so schnell wie möglich zu realisieren.

Ob es sich nun um körperliche Übungen handelt oder darum, weniger zu essen, ob Sie sich eine gesündere Ernährung angewöhnen oder eine bessere Umgebung zum Leben suchen wollen – was immer es auch sei, Sie werden es tun und alle inneren und äußeren Widerstände beiseite schieben, die sich Ihnen in den Weg stellen. Denn jetzt ist Ihr einziges Bestreben, die besten Voraussetzungen für die Erlangung Ihres Idealkörpers zu schaffen.

Wenn Sie diese Grundübung immer wieder durchführen, wird sich dieses Bild – Ihrer selbst mit Ihrem Idealkörper – für alle Zeiten Ihrem Unterbewußtsein einprägen. Es wird Sie mit seiner magnetischen lebendigen Kraft und Ausstrahlung dazu zwingen, alles Notwendige zu tun, um Ihren gegenwärtigen Körper nach und nach in diesen Ihren Wunschkörper umzuwandeln – bis Sie selbst tatsächlich zu diesem Bild geworden sind.

Benutzen Sie nun also Ihre kreative Vorstellungskraft, stellen Sie sich vor, wie Sie alle diese Dinge tun, die zur Realisierung Ihres Traumkörpers unbedingt notwendig sind.

Sehen Sie sich mittags am Tisch sitzen und kalorienarme Speisen mit viel Nährstoffen und Vitaminen zu sich zu nehmen: Sie essen langsam und sind bereits nach einer kleinen Portion satt.

Sie sehen sich ›Kalorienbomben‹ kategorisch ablehnen, die früher eine unwiderstehliche Versuchung für Sie dargestellt hätten.

Jetzt betrachten Sie Ihren ganzen Körper im Spiegel: Sie drehen sich nach allen Seiten und sind mit Ihrem Anblick sehr zufrieden. Sie sind außerordentlich stolz auf sich, weil Sie Ihren Idealkörper verwirklichen konnten. Sie haben allein und aus eigener Kraft Ihren Traum Realität werden lassen.

Entlassen Sie nun dieses Bild Ihres Idealkörpers aus Ihrem Bewußtsein, lassen Sie es in den Hintergrund zurücktreten. Es wird lebendig und wirksam in Ihrem Unterbewußtsein gespeichert bleiben!

Sagen Sie abschließend unsere ›Worte der Macht‹ dreimal hintereinander: *Ich mag mich selbst bedingungslos!*

So beenden Sie die Übung

Damit Sie nun den Alphazustand verlassen können, strecken Sie langsam die Arme über Ihren Kopf und räkeln sich. Nun haben Sie den Alphazustand Ihres Bewußtseins verlassen und befinden sich wieder im Betazustand des Wachbewußtseins.

Das ist es!

Diese geistige Übung sollten Sie einmal am Tag ausführen, sobald Sie gelernt haben, sich wirklich zu entspannen. *Das* ist die Neuprogrammierung Ihres Unterbewußtseins. *Das* ist der Weg! Sie verlangsamen Ihre Gehirnwellen und sehen Ihren Idealkörper. So prägen Sie ein Engramm in Ihr Gehirn ein. Sobald sich dieser Eindruck fest in Ihr Unterbewußtsein ›eingeätzt‹ hat, *muß* Ihr jetziger Körper zu diesem Bild *werden*. Denn Ihr physischer Körper befolgt die Befehle Ihres Unterbewußtseins!

Keine Willensanstrengung

Wenn diese Neuprogrammierung Ihres Unterbewußtseins abgeschlossen und der neue Eindruck fest in Ihrem Gehirn eingeprägt ist, werden Sie keine Willenskraft mehr benötigen, um Ihre Eßgewohnheiten zu kontrollieren. Ihr Unterbewußtsein wird Ihnen diese Mühe abnehmen und wesentlich gründlicher für Ihr Wohlergehen sorgen, als Sie es jemals bewußt getan haben.

Es ist dasselbe Unterbewußtsein, das auch Ihre Verdauung regelt, Ihren Herzschlag und Ihre Atmung. Es kümmert sich höchst zuverlässig um alle diese ständigen Anforderungen, ohne daß ›Sie‹ sich in irgendeiner Weise einzumischen bräuchten.

Ihr Wachbewußtsein wäre längst nicht imstande, auch nur eine dieser Aufgaben annähernd so zuverlässig zu bewältigen!

Sie werden sehr leicht selbst feststellen können, wann die Neuprogrammierung Ihres Unterbewußtseins abgeschlossen ist. Ein sicheres Zeichen ist zum Beispiel, wenn Sie keine Lust mehr auf etwas haben, das vorher eine große Versuchung für Sie darstellte, oder wenn Sie ganz allgemein weniger Hunger verspüren. Vielleicht merken Sie auch, daß Ihnen Speisen mit reichlich Kalorien lange nicht mehr so schmecken wie früher.

Das Geheimnis der Mentaldiät

Der Erfolg dieser Neuprogrammierung Ihres Unterbewußtseins beruht auf einer wesentlichen Erkenntnis – einem Geheimnis, das nur sehr wenige Menschen wissen. Dieses ›Geheimnis‹ ist die Tatsache, daß Ihr Unterbewußtsein nicht zwischen einer eingebildeten, einer vorgestellten und einer wirklichen Erfahrung unterscheiden kann!

Stellen Sie sich also zum Beispiel vor, auf einer Waage zu stehen und zu *sehen*, daß Sie 125 Pfund wiegen; wiederholen Sie diese Übung mehrere Male, bis sich diese Vorstellung in Ihre Gehirnzellen eingeprägt hat und dort fest verankert ist. Dann wird Ihr Unterbewußtsein von selbst alles dazu tun, damit Sie wirklich 125 Pfund wiegen. Da es alle Bilder, die sich ihm einprägen, für ›Wahrheit‹ hält, bewirkt es nach und nach, daß diese Bilder tatsächlich Wirklichkeit werden!

Jetzt wissen und verstehen Sie auch, warum Sie Gewichtsprobleme haben. In diesem Augenblick ist in Ihrem Unterbewußtsein ein ›dickes‹ Bild Ihrer selbst ›eingeätzt‹. Und weil Ihr Geist das verwirklichen muß, was er ›sieht‹, sind Sie auch in der Tat dick. Prägen Sie ihrem Unterbewußtsein ein ›schlankes‹ Bild ein, und Sie werden bald genauso schlank sein wie das Bild, das der Geist ›sieht‹. So einfach ist das!

Führen Sie also unsere geistigen Übungen regelmäßig durch, ein- oder zweimal am Tag. Sie werden nicht nur Ihrem Körper damit einen Gefallen tun – indem Sie mit der Zeit ein ›schlankes‹ Bild von sich bekommen und dadurch abnehmen – sondern auch Ihrer Seele: Sie werden ruhiger werden, ausgeglichener und zufriedener. Und je mehr Sie es lernen, sich zu entspannen, desto mehr senken Sie das Risiko eines Herzinfarkts oder anderer streßbedingter Krankheiten!

Zum Abschluß finden Sie den Wortlaut eines ›Gelübdes‹, das Sie jeden Tag aufs neue vor sich selbst ablegen sollten.

Es ist das Versprechen, sich täglich in der kreativen Vorstellungskraft zu üben, um Ihr Ziel – den Idealkörper – möglichst schnell zu erreichen.

Mein tägliches Gelübde

Ich werde jeden Tag meine schöpferische Phantasie gebrauchen.

1. Während ich mich tief entspanne, stelle ich mir den Körper vor, den ich haben möchte, und betrachte ihn sechs Sekunden lang.
2. Ich werde auch die Affirmation aussprechen:
   »Ich habe nun genau das richtige Gewicht für meine Körpergröße und meinen Knochenbau. Ich fühle mich fabelhaft und sehe auch so aus.«

8

Lernen Sie verzeihen!

Was wir bisher erfahren haben, reicht jedoch noch nicht aus, um erfolgreich abnehmen zu können! Wir müssen noch tiefer in die Geheimnisse unserer Psyche eindringen und als nächsten Schritt lernen, jedem Menschen, der uns in irgendeiner Weise irgendwann einmal gekränkt hat, vorbehaltlos zu verzeihen.

Sie fragen sicher, was dieses christliche Gebot denn mit Ihrem Gewichtsproblem zu tun hat. Nun, wissenschaftliche Forschungen haben einwandfrei ergeben, daß Groll, Rachsucht, Gewissensbisse, Aggressionen und andere, ähnliche, ›feindselige‹ Gefühle die Wurzel vieler psychosomatischer Krankheiten sind – und auch die Ursache für Fettleibigkeit sein können!

Sie haben sicher schon des öfteren sagen gehört: »Ich kann zwar vergeben, aber nicht vergessen!« Mittlerweile wissen wir jedoch, daß dieser Satz nicht stimmen kann, denn es ist unmöglich, wirklich zu vergeben, ohne auch zu vergessen; beides ist unauflöslich miteinander verknüpft.

Vergeben bedeutet, den Geist von Negativem zu reinigen – das heißt, negative Emotionen, die einen oder mehrere Menschen betreffen, bloßzulegen und anschließend loszulassen. Indem Sie aber so aufhören, sich an diesen Empfindungen festzuklammern, ›lassen‹ Sie auch Ihr

Übergewicht ›los‹ und befreien sich dadurch endgültig von ihm.

Die Gründe, warum viele Menschen genau das nicht schaffen, sind sehr komplex. Über eines sind sich allerdings die Wissenschaftler einig: Es beginnt alles im Kopf, in Ihrem Geist. Und um irgendwelche positiven Ergebnisse und Veränderungen zu erzielen, *müssen zuallererst sämtliche negativen Emotionen beseitigt werden.*

Wir bestrafen uns letztlich selbst

Wenn wir bewußt oder auch nur unterschwellig Groll und Ärger gegen jemanden hegen – oder uns mit Schuldgefühlen belasten –, dann bestrafen wir uns letztendlich selbst damit. Magengeschwüre, andere Krankheiten oder auch chronisches Übergewicht sind die Folgen! Auf diese Weise ›büßen‹ wir unfreiwillig für unser negatives Gefühl gegenüber anderen – oder gar uns selbst gegenüber. Beinahe alle meine Studentinnen und Studenten kannten eine oder mehrere Personen, denen sie irgend etwas zu verzeihen hatten. Ich erinnere mich nur an eine einzige Kursteilnehmerin, bei der dies *nicht* der Fall war; dafür mußte sie sich selbst einiges verzeihen!

Das Vergeben ist ein wirklich wichtiger Punkt in unserem Programm der Mentaldiät, denn negative Gefühle *jeglicher Art* behindern Ihre weiteren Fortschritte. Hand aufs Herz: Tragen nicht auch *Sie* irgend jemandem etwas nach – hegen nicht auch *Sie* gegen einen bestimmten Menschen einen Groll – hat nicht auch *Ihnen* jemand irgend etwas ›angetan‹? Um aber Ihr Ziel – den Idealkörper – wirklich erreichen zu können, müssen genau diese negativen Emotionen abgebaut beziehungsweise neutralisiert werden.

Vergeben ist ein praktisches und letztlich auch einfaches Mittel, um sich selbst gesund zu erhalten und seine seelisch-geistige Weiterentwicklung zu gewährleisten. Zusätzlich behalten Sie dadurch auch Ihr – einmal erreichtes – Idealgewicht mühelos bei. Selbst wenn Sie der festen Überzeugung sind, jemand habe Ihnen ein Unrecht zugefügt, so nützt es *Ihnen* überhaupt nichts, einen Groll gegen den Betreffenden zu hegen. Ich wiederhole: Es *nützt Ihnen* nichts und *ihm schadet* es nicht! Ganz im Gegenteil: Es schadet *Ihnen*, und er oder sie freut sich am Ende noch darüber – oder aber weiß vielleicht nicht einmal etwas von seiner oder ihrer ›Schuld‹.

Das soll natürlich nicht bedeuten, daß Sie Ihrem ›Feind‹ bei der nächsten Gelegenheit um den Hals fallen oder sonst Freundschaft mit ihm schließen müssen. Sie sollen lediglich die Rachegefühle, das Gekränktsein oder den Groll aufgeben, die Sie beherrschen, um die negativen Auswirkungen dieser Empfindungen auf Ihre Psyche und Ihren Körper zu vermeiden. Denken Sie immer daran: Dauerstreß und angestaute negative Gefühle führen sehr oft zu Herzinfarkt, Geschwüren und anderen bösartigen Krankheiten!

Vergeben Sie anderen! Vergeben Sie sich selbst!

Doch genauso, wie Sie anderen verzeihen sollen, müssen Sie es auch lernen, sich selbst zu verzeihen. Wenn Sie jemanden verletzt haben und er hat Ihnen vergeben, so ist *er* befreit. Er ist frei! Vergebung ist eine geistige Befreiung. Also öffnet jeder Mensch, der anderen verzeihen kann, die Tür seines ›geistigen Gefängnisses‹. Und genau das gleiche gilt für die eigene Schuld: Solange Sie sich selbst eine Schuld nicht vergeben können, lastet diese Bürde auf Ihrer

Seele. Sie werden weiterhin unbewußt an Ihrem Schuldgefühl leiden müssen und dadurch niemals wirklich glücklich werden können!

Für viele Menschen ist genau dies die Ursache ihres Gewichtsproblems. Sie können sich nicht aus der eigenen Schuld oder der anderer Menschen befreien, sie können weder sich selbst noch anderen vergeben. Ich kann diesen Menschen garantieren, daß sie so lange übergewichtig bleiben werden, bis sie diese eine Tugend gelernt haben: das Verzeihen!

Ein Student glaubte felsenfest, einen Freund verletzt zu haben, und war entsprechend unglücklich und schuldbewußt. Er war der Ansicht, der Freund ginge ihm seit dieser Zeit absichtlich aus dem Weg, und weil er sich schuldig glaubte, mied er selbst ihn auch.

Nachdem wir das Thema ›Vergeben‹ in unserem Kurs besprochen hatten, besuchte dieser Student seinen Freund, um sich bei ihm zu entschuldigen. Zu seiner großen Überraschung erwiderte dieser: »Weshalb willst du dich eigentlich bei mir entschuldigen? Du hast mir doch überhaupt nichts getan! Ich habe mich schon darüber gewundert, daß du mir seit ein paar Wochen aus dem Weg gehst. Aber ich hatte keine Ahnung, warum!«

An dieser Antwort erkannte unser Student, daß sein Freund wirklich keinerlei Groll gegen ihn hegte; das ganze Problem hatte *er allein* in seinem Geist erzeugt und anschließend als Schuld mit sich herumgetragen.

Um es noch einmal zu wiederholen: Selbst wenn irgend jemand Sie *tatsächlich* verletzt, beleidigt oder beschimpft hat, sollten Sie dem Betreffenden nicht grollen. ›Gerechter‹ Zorn wirkt sich ganz genauso schlimm auf Ihre Psyche und Ihren Körper aus wie ungerechtfertigter. Denn auch in diesem Fall bleibt es eine negative Emotion, *die einzig Ihnen schaden wird!*

Vergebung wirkt Wunder

Ich möchte Ihnen an dieser Stelle die Geschichte einer meiner Kursteilnehmerinnen erzählen – einer in ihrem Beruf besonders erfolgreichen Frau. Eines Tages lernte ihr Mann eine andere, jüngere Frau kennen und ließ sich scheiden, um sie zu heiraten. Unsere Teilnehmerin fühlte sich an dieser Sache völlig unschuldig, und obwohl seither einige Jahre vergangen waren, konnte sie ihrem Mann nicht verzeihen, was er ihr angetan hatte. Es nagte an ihr, daß er mit dieser anderen Frau – wie man ihr berichtete, außerordentlich glücklich verheiratet war, während sie selbst mit leeren Händen dasaß und unglücklich sein ›mußte‹. Innerlich fraßen Bitterkeit und Rachsucht an ihr, während sie äußerlich immer dicker wurde. Fast schien es so, als ob sie sich vorgenommen hätte, möglichst unattraktiv zu werden, weil ihr Mann eine andere Frau ihr vorgezogen hatte.

Doch das übermäßige Essen erfüllte auch noch eine andere Funktion: es war zu einer Ersatzbefriedigung geworden – einem Ausgleich für mangelnde Zuneigung und einer Kompensation ihrer Einsamkeit. Solange sie sich an ihre eigenen negativen Gefühle klammerte, sich selbst bemitleidete und ihren Mann wegen seines neuen Glückes haßte, konnte sie auch nicht ein Gramm abnehmen.

Sobald sie dies im Rahmen unseres Kurses erkannt hatte und sah, daß sie zuallererst ihre Bitterkeit, den Groll und den Haß abbauen mußte, begann sie auch daran zu arbeiten. Sie machte sich das Prinzip des ›Vergebens‹ bewußt, und eines Tages konnte sie ihrem Mann wirklich verzeihen. Gleichzeitig damit geschahen mehrere andere positive Dinge: Zum einen konnte sie von diesem Zeitpunkt an mühelos abnehmen, weil die Ursache für ihr neurotisches Verlangen nach Essen beseitigt worden war;

zum anderen fing sie an, sich selbst zu mögen, indem sie immer wieder unsere wirksame Formel *(Ich mag mich selbst bedingungslos)* vor dem Spiegel wiederholte. Die Folgen waren eine erhebliche Steigerung ihres Selbstbewußtseins, eine neue Freude am Leben und allgemeines Wohlbefinden.

Ihr früherer Mann bemerkte ihr strahlendes Aussehen und ihren schlanken Körper sofort, als er sie eines Tages zufällig traf, und kurz darauf besuchte er sie unter irgendeinem Vorwand. Er entschuldigte sich bei ihr für sein falsches Verhalten und für den Kummer, den er ihr dadurch bereitet hatte.

Ein Wunder? Nein, diese Frau hatte es lediglich gelernt, ihrem ›Feind‹ zu verzeihen *und* zu vergessen. Alles andere war nur die natürliche Folge dieser geistigen Befreiung.

Sollten Sie eine ähnliche Situation erlebt haben wie diese Frau, dann prüfen Sie sich selbst: Wenn Sie immer noch den Schmerz nachempfinden können, der Ihnen irgendwann einmal zugefügt wurde – dann haben Sie noch nicht vergeben. Versuchen Sie, den Schmerz zu *vergessen*, sonst werden Sie niemals völlig *verzeihen* können. Und ganz allein um Ihretwillen müssen Sie *beides* lernen!

Üben Sie zu verzeihen!

Wir werden nun eine geistige Übung zusammen durchführen, die Ihnen helfen soll, erlittenes Unrecht zu vergessen und den ›Schuldigen‹ zu vergeben. Sollten Sie niemanden kennen, dem Sie etwas zu verzeihen haben – müssen Sie dann vielleicht sich selbst etwas vergeben? Denken Sie einmal darüber nach: Gibt es wirklich niemanden, gegen den Sie negative Gefühle hegen? Wirklich niemanden? Benutzen Sie bei der folgenden Übung Ihre schöpferische Vorstellungskraft und auch hier wieder die Macht wirksamer Suggestionen.

Sie sitzen bequem in Ihrem Lieblingsstuhl, die Füße sind flach auf den Boden gestellt. Ihre Hände ruhen in Ihrem Schoß. Nehmen Sie drei tiefe Atemzüge, füllen Sie Ihre Lungen, atmen Sie langsam aus. Schließen Sie die Augen.

1. Spannen Sie beide Arme und Hände an... (Pause)... Lösen Sie alle Spannungen, lassen Sie allen Druck; lassen Sie alle Muskeln erschlaffen.
2. Spannen Sie leicht die Muskeln Ihrer Stirn und um Ihre Augen... (Pause)... Nun lösen Sie alle Spannungen, lassen Sie die Muskeln erschlaffen, lassen Sie allen Druck.
3. Jetzt spannen Sie leicht die Kaumuskeln und die Muskeln um Ihren Mund ... (Pause)... Nun lassen Sie alle Spannungen, lösen Sie allen Druck.
4. Spannen Sie Ihre Schulter- und Rückenmuskulatur leicht an ... (Pause)... Nun lösen Sie alle Spannungen, lassen Sie allen Druck und versetzen Sie diese Bereiche Ihres Körpers in einen Zustand tiefer Entspannung. Versuchen Sie darüber hinaus jedesmal, wenn Sie die Übung durchführen, sich tiefer und tiefer zu entspannen.
5. Atmen Sie nun einmal tief ein und fühlen Sie, wie Ihre Brust sich entspannt, während Sie ausatmen.
6. Spannen Sie die Bauchmuskulatur leicht an ... (Pause)... Lösen Sie alle Spannungen, lassen Sie allen Druck.
7. Jetzt benutzen Sie Ihre kreative Vorstellungskraft, um Ihre Brust und die Bauchmuskeln innerlich zu entspannen ... (Pause)... Entspannen Sie sich tief.

8. Entspannen Sie im Geiste alle inneren Organe, die Drüsen und selbst jede einzelne Körperzelle. Erlauben Sie ihnen, ganz normal und entspannt zu funktionieren.

9. Spannen Sie die Füße und die Zehen an ... (Pause)... Jetzt entspannen Sie Füße und Zehen.

10. Entspannen Sie jetzt Ihren ganzen Körper vom Scheitel bis hinunter zu Ihren Zehenspitzen.

Stellen Sie sich nun mit Hilfe Ihrer schöpferischen Vorstellungskraft vor, wie eine Woge der Entspannung Sie wie eine Flutwelle überrollt, Sie von Kopf bis Fuß vollkommen überschwemmt. Jeder einzelne Nerv, jeder einzelne Muskel, der von der Welle berührt wird, entspannt sich augenblicklich völlig.

Lassen Sie sich von der Woge noch einmal überrollen und geben Sie sich ein weiteres Mal von Kopf bis Fuß absoluter Entspannung hin.

Nun, da Sie sich in einem Zustand vollkommener psychischer und körperlicher Entspannung befinden, machen Sie Gebrauch von Ihrer kreativen Vorstellungskraft. Stellen Sie sich vor, Sie sitzen in einem Kino und der schöne, dunkelrote Vorhang öffnet sich gerade. Lautlos gleiten die beiden Hälften auseinander und geben die riesige weiße Leinwand frei.

In wenigen Augenblicken werden Sie selbst auf diese Leinwand ein Bild des Menschen projizieren, dem Sie vergeben möchten.

Nun sind die roten Vorhänge vollständig zurückgezogen, und die große weiße Leinwand bietet sich Ihrem Blick dar. Die Lichter sind ausgegangen, das Kino ist völlig dunkel. Sie sitzen entspannt auf Ihrem Platz, und jetzt sehen Sie plötzlich mitten auf der riesigen Fläche das Bild des Menschen, dem Sie vergeben sollen. Das Bild wird immer deutlicher und deutlicher. Sie können bereits alle Details unterscheiden – das Haar, die Augen, den Mund und den Gesichtsausdruck. Sie sehen alle Einzelheiten, die Sie sehen möchten... Halten Sie an diesem Punkt inne, um alle Einzelheiten möglichst bewußt wahrzunehmen!

Während nun das Bild dieses Menschen in voller Größe und Klarheit auf der Leinwand zu sehen ist, sprechen Sie zu ihm die folgenden Worte:

»Ich vergebe dir, ... (fügen Sie hier den entsprechenden Namen ein), vollkommen, von ganzem Herzen und aus freien Stücken. Ich spreche dich aus ganzem Herzen und mit vollem Bewußtsein frei. Ich verzeihe und vergesse auch alles, was mit dieser Angelegenheit zusammenhängt.

Ich bin frei, und du bist frei. Es ist ein wundervolles Gefühl, so frei zu sein.

Heute ist mein Tag der allgemeinen Amnestie, denn ich spreche alle Menschen, die mir jemals körperlich oder seelisch weh getan oder ein Unrecht zugefügt haben, von jeder Schuld frei. Ich wünsche ihnen allen von ganzem Herzen Gesundheit, Glück und alles Gute für ihr weiteres Leben.

Wenn ich künftig an dich denke, dann werde ich sagen: ›Ich habe dir vergeben und meine guten Wünsche mit auf den Weg gegeben.‹ Ich bin frei, und du bist frei. Es ist ein wundervolles Gefühl!«

Nachdem Sie Ihrem ›Feind‹ auf diese Weise vollkommen verziehen haben, können Sie die Augen öffnen und das Gefühl der Freiheit genießen: die Befreiung von den negativen Gefühlen der Feindschaft und Rachsucht. Und wenn künftig diese Person in Ihre Gedanken kommt, werden Sie nur in Ihrem Geiste zu sagen brauchen: »Friede sei mit dir!«

Und wenn Sie nicht vergeben können?

Es wäre möglich, daß Ihnen jemand ein solch schweres Unrecht zugefügt oder Sie so sehr verletzt hat, daß Sie davon überzeugt sind, ihm oder ihr nicht vergeben zu können. Dann versuchen Sie folgendes: Sobald Sie sich in Ihrem ›Kino‹ vollkommen entspannt haben und auf der Leinwand das Bild des oder der Betreffenden sehen, sprechen Sie die Worte:

»Herr, vergib diesem Menschen in meinem Namen. Ich vermag es nicht. Ich weiß aber, daß *du* ihm vergeben und mich dadurch erlösen kannst.«

Diese einfache Methode hat augenscheinlich in vielen Fällen wahre Wunder gewirkt: Studenten, die sie anwandten, berichteten mir anschließend, sie hätten sich noch nie in ihrem Leben so frei gefühlt, wie nach dieser Übung im Verzeihen. Sie hatten sich durch ihren Haß, ihren Groll und ihre Feindseligkeit selbst in das Gefängnis ihres Geistes eingesperrt. Mit Hilfe unseres Programms haben sie es dann gelernt, ihr Unterbewußtsein umzuprogrammieren und sich dadurch selbst zu befreien.

Genauso sollten *Sie* es auch machen: Sie und nur Sie allein können sich dazu entschließen, die Tür zur Freiheit zu öffnen und ein glücklicher, zufriedener, schlanker Mensch zu werden!

Eine unserer Studentinnen war fest davon überzeugt, sie könne einem bestimmten Mann, der sie in ihrer Kindheit körperlich mißbraucht hatte, nie und nimmer verzeihen. Sie war ganz von Haß gegen ihn durchdrungen, obwohl sie seit Jahren nichts von ihm gesehen oder gehört hatte. Doch dieses extrem negative Gefühl kehrte sich letztlich gegen sie selbst. Sie wurde sehr dick – einmal, weil sie sich unbewußt vor einem erneuten derartigen Schmerz schützen wollte, und zum anderen, weil sich ihre Haßgefühle gegen diesen Mann in Haß gegen sie selbst verwandelt hatten.

Sie fragen sich vielleicht, wie das möglich sein kann. Psychologische Untersuchungen haben aber ergeben, daß das Unterbewußtsein nicht zwischen negativen Gefühlen einer anderen Person und negativen Gefühlen sich selbst gegenüber unterscheiden kann. Deshalb hatten sich auch die Haßgefühle unserer Studentin eines Tages gegen sie selbst gekehrt!

Als sie dann ihre Befreiung von diesem Haß Gott anheimstellte – ihn darum bat, diesem Manne zu vergeben, weil sie selbst es nicht könne –, da geschah das ›Wunder‹: Sie wurde frei, befreit von all den negativen Gefühlen, die seit so vielen Jahren an ihr genagt hatten. Sie fühlte sich wie neugeboren, und infolgedessen nahm sie ohne jegliche Anstrengung auch binnen weniger Monate ihre überflüssigen Pfunde ab. Sie sehen selbst: Sobald die emotionale Ursache für Übergewicht beseitigt ist, bedeutet das Abnehmen nicht mehr das geringste Problem!

Vergeben öffnet die Türen

Also bitte vergessen Sie nicht: Um die Ursache für Ihr Übergewicht beseitigen zu können – gleichgültig, *was* die Ursache ist –, müssen Sie die Tür des Verzeihens öffnen. Das können nur Sie selbst. Und indem Sie diese Wahrheit erkennen, können Sie endlich für immer frei werden!

9

Die Barrieren des Geistes

An einem bestimmten Punkt der Umprogrammierung Ihres Unterbewußtseins geschieht etwas Seltsames und gleichzeitig sehr Interessantes. Wenn Sie nicht darauf vorbereitet sind, nehmen Sie wahrscheinlich an, daß irgend etwas schiefgelaufen ist.

Bei manchen Menschen tritt dieses Phänomen nach zwei oder drei Wochen auf, bei anderen dauert es vielleicht etwas länger, aber früher oder später passiert es auch bei ihnen. Seien Sie also wachsam und denken Sie an diese Warnung.

Sie werden nach einer bestimmten Zeit einen Widerstand in sich spüren, ein Gefühl der Hoffnungslosigkeit. Sie sagen sich: »Es nützt ja doch alles nichts«, und glauben, daß unser Programm auch nicht besser funktionieren wird als all die anderen, mit denen Sie es schon versucht haben. Vielleicht denken Sie dann auch, wie verrückt das alles klingt – sinnlos, überspannt oder was auch immer. Wenn Sie solche Gedanken und Gefühle in sich entdekken, dann verzweifeln Sie nicht – freuen Sie sich im Gegenteil darüber. Sie zeigen Ihnen nämlich, daß Sie tatsächlich Fortschritte gemacht haben.

Wenn Sie mit diesem Programm beginnen – die Suggestionsformeln abwenden, Ihre kreative Phantasie benutzen und auch die anderen Vorschriften gewissenhaft befolgen –, geht zunächst einmal alles gut. Doch plötzlich scheint eine Wende einzutreten, und die ganze Sache kommt Ihnen mit einemmal völlig nutz- und sinnlos vor. Ihr Enthusiasmus und Ihre Energie flauen ab, und Sie können sich einfach nicht erklären, woran das wohl liegen könnte.

Neues gegen Altes

Die Anfänge Ihrer Neuprogrammierung verlaufen zunächst einmal glatt, da Sie sich noch im Stadium der ›Umformung‹ befinden. Doch haben Sie erst einmal wirklich neue Überzeugungen und ein neues Selbstbild entwickelt, beginnt die Konfrontation mit den alten falschen Denkmustern. Der Widerstand Ihres Geistes besteht also in der Summe aller negativen Ansichten und Einstellungen Ihrer Kindheit und Erwachsenenzeit, die so zäh ineinander verfilzt sind, daß sie eine scheinbar undurchdringliche Dornenhecke, eine regelrechte Barriere bilden.

Sobald dann die neuen Programmierungen in Ihren Kopf eindringen, versuchen sich die alten Denkmuster dagegen zur Wehr zu setzen. Sie flüstern Ihnen zum Beispiel ein, daß doch alles besser beim alten bleiben sollte oder daß dieses neue Programm sinnlos, nutzlos und überflüssig ist. Ihr ›altes‹ Unterbewußtsein sagt: »Lassen wir die Dinge doch so, wie sie sind! Wir wissen nicht, was mit diesen neuen Programmierungen auf uns zukommt. Kurzum: Keine Experimente!«

Wenn Sie solchen Einflüsterungen an diesem Punkt widerstehen und eisern dabei bleiben, unser Programm der ›geistigen Diät‹, der Mentaldiät, durchzuführen – dann werden Sie gewinnen! Die neuen Programmierungen werden die alten überwinden und an deren Stelle treten.

Vergessen sie also nicht: Sobald Sie diesen inneren Widerstand fühlen, geben Sie nicht auf, sondern freuen Sie sich! Denn dann wissen Sie, daß die neuen positiven Informationen den Kampf gegen die alten negativen Strukturen Ihres Unterbewußtseins, die bisher Ihr Leben bestimmten, aufgenommen haben.

Beharrlichkeit führt zum Erfolg

Wenn Sie also Ihren geistigen Widerstand überwinden und bei unserem Programm bleiben, wird kurz darauf Ihr Unterbewußtsein von Grund auf neu programmiert sein: Sie werden Ihr neues, ›schlankes‹ Selbstbildnis immer mit sich herumtragen und die positive Überzeugung besitzen, daß Sie sich selbst bedingungslos mögen. *Beharrlichkeit* ist das Geheimnis! *Beharrlichkeit* ist der Schlüssel, mit dem Sie Ihren geistigen Widerstand und die inneren Barrieren überwinden können!

Vor einigen Jahren kam etwas in Mode, das sich ›Lernschlaf‹ nannte. Man brauchte sich – laut Werbung – nur einen Satz Tonbandkassetten zu kaufen mit dem bestimmten Kurs, an dem man interessiert war. Abends vor dem Schlafengehen sollte man dann das Abspielgerät neben sein Bett stellen und eine Art Kopfhörer unter das Kissen legen. Am nächsten Morgen, hieß es oder dachte man, würde man bereits anfangen, fließend Russisch oder Englisch zu sprechen oder überhaupt zu beherrschen, was die jeweils ausgesuchte Kassette enthielt.

Ganz so schnell funktionierte die Sache jedoch nicht. Der Kurs mußte über einen längeren Zeitraum hinweg durchgehalten werden, bevor sich die ersten Erfolge einstellen konnten. Da die meisten ›Lernschläfer‹ aber bereits nach kurzer Zeit an ihre geistige Barriere stießen und nicht damit umzugehen wußten, gaben sie auf. Damals waren die Mechanismen des Geistes eben noch nicht ausreichend erforscht, und es war noch nicht bekannt, daß bei einer solchen auf das Unterbewußtsein abzielenden Lehrmethode mit diesem inneren Widerstand gerechnet werden *mußte*. Hätte man gewußt, daß nur Beharrlichkeit nötig gewesen wäre, um diesen Widerstand zu überwinden, wäre dieser ›Lernschlaf‹ wahrscheinlich zu einem großen Erfolg geworden.

Eine unserer Studentinnen stieß an ihre geistige Barriere, sogar noch bevor wir dieses Thema in unserem Kurs besprochen hatten. Eines Abends platzte sie herein, und ehe auch nur jemand ›Hallo‹ sagen konnte, schrie sie: »Diese ganze Sache hier ist absolut hirnrissig! Völlig idiotisch! Ich hab's satt, diesen Blödsinn mitzumachen! Das funktioniert kein bißchen besser als alles andere, was ich schon versucht hab'!«

Die Lehrerin entgegnete seelenruhig: »Na prima! Ich bin froh, daß Sie das sagen. Jetzt wissen Sie mit Bestimmtheit, daß Sie Fortschritte machen.« Die Studentin stand da wie angewurzelt, und auch die übrigen Kursteilnehmer waren von dieser Behauptung höchst überrascht.

Die Lehrerin erklärte ihnen nun, wie die beiden Ebenen der Psyche – die bewußte und die unterbewußte – zusammenwirken. Sie erklärte ihnen, daß wir zwar nur *einen* Geist haben, daß er aber in verschiedene ›Bereiche‹ aufgeteilt ist, die in unterschiedlicher Weise funktionieren. *Wie* sie funktionieren, wissen die wenigsten von uns.

Auch ist den wenigsten Menschen bekannt, daß wir nicht einmal annähernd die volle Kapazität unserer geistigen Möglichkeiten ausschöpfen. Einer der größten amerikanischen Psychologen, *William James*, war sogar der Ansicht, daß wir gerade zehn Prozent der Fähigkeiten unseres Geistes nutzen, und zwar aus dem einfachen Grund, weil wir überhaupt nicht wissen, *wie* wir die restlichen neunzig Prozent aktivieren könnten.

Wie ich schon zu Anfang dieses Buches sagte, wurden erst in den letzten Jahren die inneren Zusammenhänge unserer Psyche etwas gründlicher erforscht. Und man könnte fast sagen, daß wir mehr über den Mond wissen als – auch heute noch – über die Welt in unserem Inneren: unseren Geist!

Sie können sich geistig umprogrammieren

Interessanterweise hängt dasjenige, was wir immerhin jetzt schon über unsere Psyche wissen, mit der Entwicklung des Computers zusammen. Es heißt, zwei Computerspezialisten hätten sich einmal beim Essen darüber unterhalten, ob die menschliche Psyche möglicherweise nicht ebenso programmierbar sein könnte wie ein Computer – ob sie nicht nach denselben Prinzipien wie dieser funktionierte. Sie unternahmen daraufhin einige Experimente und bestätigten damit ihre Vermutung: Man kann den menschlichen Geist tatsächlich wie einen Computer programmieren!

Dies ist das Prinzip des Unterbewußtseins – daß es ›programmiert‹ werden kann. Doch werden Sie dadurch keineswegs etwa zu einer Maschine! Sie *sind* kein Computer, sondern Sie *haben* einen, und Sie können ihn ganz nach Ihren Wünschen benutzen. Der bewußte Teil Ihrer Psyche kann die Entscheidungen fällen und das Programmieren übernehmen, während der unbewußte Teil die Direktiven ausführt.

Computer werden durch Spezialisten programmiert, die Schritt für Schritt dasjenige Programm erarbeiten und eingeben, das der Computer später ausführen soll. Computer machen nur selten Fehler, Programmierer hingegen oft. Und wenn sie dann versuchen, mit einem solchen fehlerhaften Programm zu arbeiten, erscheint auf dem Bildschirm die Meldung: »Falscher Befehl.«

Sehen Sie, genauso ist es auch mit unserem Geist: Wir oder andere haben viele solcher falschen ›Befehle‹ oder Eingaben in ihn hineinprogrammiert; nur erscheint auf unserem geistigen Bildschirm normalerweise *keine* Fehlermeldung, die es uns ermöglichte, die Informationen zu korrigieren oder durch eine richtige zu ersetzen. Wir merken meist überhaupt nicht, daß wir falsch programmiert sind!

Doch da nun Sie diese Information von uns erhalten haben, da Sie nun wissen, wie Ihr Geist funktioniert, können Sie auch jede ›Eingabe‹ prüfen, die Sie erhalten, sie gegebenenfalls korrigieren oder auch ablehnen. Prüfen Sie künftig alles, was man Ihnen sagt oder wie immer sonst suggeriert, und achten Sie darauf, ob vor Ihrem geistigen Auge die Buchstaben aufleuchten: »Falscher Befehl!«

Wie Sie wissen, glaubten die Menschen noch vor einigen hundert Jahren, daß die Erde flach sei. Jede Reise zur See bezog die Überlegung mit ein, daß die Erde begrenzt war: »Sollen wir es wagen, so weit zu fahren? Riskieren wir dann nicht, über den Rand zu fallen?« Sie lachen vielleicht, für die Menschen der damaligen Zeit war diese Frage aber bitterer Ernst. Für uns heute ist ›die flache Erde‹ eine falsche Information, eine falsche Eingabe, doch damals wußte dies niemand: damals war es eine Wahrheit. Ebenso mag vieles von dem, was wir heutzutage für wahr halten, in Wirklichkeit nichts als eine solche falsche Eingabe sein – Unrat, Ballast, mit dem wir uns völlig unnötig befrachten.

Viele falsche Informationen der heutigen Zeit können wir noch nicht als ›falsch‹ erkennen und ihnen darum auch nicht entgegenwirken. Wir nehmen die Behauptungen der heutigen Wissenschaftler etwa genauso ahnungslos gläubig hin wie dreijährige Kinder die Aussagen von Erwachsenen: Wir glauben ihnen, weil wir es nicht besser wissen. Ob die Behauptungen stimmen, steht auf einem ganz anderen Blatt und wird erst die Zukunft zeigen.

Mit unseren eigenen Erfahrungen der Kindheit ist es jedoch eine andere Sache; hier können wir mittlerweile sehr wohl entscheiden, welche Informationen richtig und welche falsch waren. Wir können den Unrat, die ›falschen Eingaben‹, löschen und neue, richtige Informationen an deren Stelle speichern.

Das Bewußtsein ist der entscheidende, überlegende und beurteilende Teil des Geistes. Das Unterbewußtsein kontrolliert dagegen die unwillkürlichen Körperfunktionen, die Atmung, den Herzschlag, die Verdauung und so weiter. Darüber hinaus sind alle Ihre Gewohnheiten, gute und schlechte, sowie alle Ihre Erinnerungen und Erfahrungen in Ihrem Unterbewußtsein gespeichert.

Ihr Bewußtsein bestimmt

Es ist ein bewußter Akt, wenn Sie sich zum Beispiel entscheiden, daß Sie zum Bücherregal gehen und ein bestimmtes Buch herausholen. Indem Sie dies beschließen, aktivieren Sie den unbewußten Teil der Psyche, der seinerseits die Bewegungen Ihrer Beinmuskeln und später die der Armmuskeln veranlaßt, wodurch das entsprechende Buch aus dem Regal gegriffen wird.

Natürlich ist dies eine stark vereinfachte Skizzierung der Vorgänge in Ihrem Inneren. Festzuhalten bleibt, daß Ihr Bewußtsein Entscheidungen fällt und Ihr Unterbewußtsein sie in die Tat umsetzt. Gleichgültig, ob diese Beschlüsse gut oder schlecht sind – Ihr Unterbewußtsein führt sie gehorsam aus.

Nun ist es aber leider keineswegs so, daß unser Handeln bloß von der Entscheidungsfreiheit unseres Denkens und Wollens gesteuert wäre; ganz im Gegenteil stammen viele scheinbar ›freie Entschlüsse‹ des Ich in Wirklichkeit aus den Tiefen des Unbewußten. Wie Sie außerdem wissen, sind alle Gewohnheiten und Verhaltensmuster in Ihrem Unterbewußtsein gespeichert. Und da sie von dort – wie bei einem Computer – auf ›Knopfdruck‹, auf einen bloßen Reiz hin, ausgelöst werden können, tun Sie auch des öfteren auch all das, was Sie *eigentlich* – von Ihrer Vernunft her – nicht tun wollen oder würden: in unserem Zusammenhang etwa ein Sahnetörtchen essen, obwohl Sie gerade eine 500-Kalorien-Diät einhalten ›wollen‹. Durch irgendeinen – Ihnen nicht bewußten – ›Knopfdruck‹ wurde ein automatischer Mechanismus in Gang gesetzt, der auf einer entsprechenden Programmierung Ihres Unterbewußtseins basiert. Der Vorgang – in diesem Fall das Törtchen-Essen – läuft genau so ab, wie er einprogrammiert wurde, und zwar gegen Ihren bewußten Willen und besseres Wissen!

In einem solchen Fall also verweigert das Unterbewußtsein den Gehorsam gegenüber dem Ich: ihm wurden die und die Informationen eingeprägt, und *so* führt er sie auch aus! Sobald der Wille in Konflikt mit bestehenden unterbewußten Programmierungen tritt, werden in den allermeisten Fällen diese den Sieg davontragen. Und deshalb ist es auch so außerordentlich wichtig, daß man seine negativen Programmierungen löscht.

Wir wissen, daß bei unserem Gewichtsproblem die Gefühle, Emotionen, eine wesentliche Rolle spielen. Wir essen – wie gesagt – zum Beispiel zuviel, wenn wir uns allein oder ungeliebt fühlen. Beginnen wir nun mit einer

Diät und halten wir sie auch konsequent ein, kann plötzlich ein Ereignis eintreten, das uns wieder das Gefühl des Alleinseins vermittelt. Unser unbewußter Mechanismus wird ausgelöst, und wir essen das Sahnetörtchen – auch wenn wir uns fest dazu entschlossen hatten, diese 500-Kalorien-Diät durchzuhalten.

Unterbewußtsein gegen Willenskraft

Ihr Unterbewußtsein siegt also in den meisten Fällen über Ihre Willenskraft, und das ist auch der Grund, warum Sie zuerst die negativen Programmierungen ändern müssen, um erfolgreich abnehmen zu können.

Genau das widerfuhr jener bereits erwähnten aufgeregten Studentin: ihre Willenskraft geriet in Konflikt mit ihren unterbewußten Programmierungen. Neue, bessere Informationen wurden mit ihrem alten, falschen ›Wissen‹ um die eigene Minderwertigkeit konfrontiert.

Wochenlang hatte sie sich Tag für Tag die Worte »*Ich mag mich selbst bedingungslos*« vorgesprochen, und schließlich war sie auf die negativen Programmierungen ihres Unterbewußtseins gestoßen, deren Widerstand und Kraft sie so überrascht hatten. Diesen Zusammenprall interpretierte ihr Bewußtsein als: »Es hat doch alles keinen Sinn, es funktioniert nicht, ist doch völlig idiotisch« und so weiter. Stoßen *Sie* – trotz gewissenhafter Durchführung dieses Programms – nicht auf diesen Widerstand, müssen Sie sich selbst in der Tat sehr mögen. Sollte dies der Fall sein, erleichtert es die Sache natürlich beträchtlich.

Doch scheinen solche Menschen – zumindest nach meinen langjährigen Erfahrungen – eher die Ausnahme zu sein.

10

Sie haben den Schlüssel –
öffnen Sie das Gefängnis!

Wie Sie nun selbst wissen, besteht unsere Mentaldiät im wesentlichen darin, daß Sie Ihren ›Computer‹, also das Unterbewußtsein, mit neuen und richtigen Informationen füttern, die Ihnen zu einer in jeder Hinsicht veränderten positiven Einstellung zu Ihrem Leben insgesamt verhelfen. Neue Erkenntnisse, die sich auf richtige Ernährung und Lebensweise sowie auf die Ursache für Ihre ›Schlemmerorgien‹ beziehen, werden Ihre alten negativen Gewohnheiten nach und nach abschaffen und durch neue, positive ersetzen.

Sie wissen nun auch, daß Ihr Unterbewußtsein Ihnen bei richtiger Neuprogrammierung die Sorge um Ihre Figur abnehmen wird. Es wird sich ganz allein und vollkommen zuverlässig darum kümmern.

Ihr Unterbewußtsein ›kennt‹ auch Ihre ganz persönliche ›Körperchemie‹ weit besser als irgend jemand sonst auf der Welt: besser als jeder Universitätsprofessor – oder natürlich Sie selbst! Es kann Ihnen das Idealgewicht für Ihren Körper angeben und dann dafür sorgen, daß Sie es einhalten, solange Sie leben – und zwar ohne daß Sie sich im geringsten bewußt damit befassen müßten! Die einzige, wirklich einzige Voraussetzung dafür ist, daß Sie sich geistig richtig programmiert haben!

Sie wissen nun auch, daß es zum *erfolgreichen* Abnehmen bei weitem nicht ausreicht, eine 500- oder 1000-Kalorien-Diät einzuhalten. Wenn es schon eine große Portion an Energie und Willenskraft erfordert, eine solche Diät strikt durchzustehen, braucht man sicher noch erheblich mehr davon, um sich nicht anschließend die mühsam abgehungerten Pfunde sofort wieder anzuessen. Sie werden diese mehr als frustrierende, nervenaufreibende Erfahrung wohl auch selbst schon gemacht haben. Zu Ihrem Trost sei aber gesagt, daß es wirklich nur die allerwenigsten Menschen schaffen, nach einer solchen Kur, die lediglich die Symptome, nicht aber die Ursachen bekämpft, nicht wieder zuzunehmen.

Wissen ist Macht

Vielleicht haben Sie nach den bisherigen Kapiteln dieses Buches den Eindruck gewonnen, daß manche der behandelten Themen in keinerlei unmittelbarem Zusammenhang miteinander stehen. Doch seien Sie versichert, daß dies keineswegs der Fall ist: Alle diese neuen, scheinbar unzusammenhängenden Informationen und Daten eint der alleinige Zweck, Ihr Unterbewußtsein, diesen ›unbezahlbaren Computer‹, umzuprogrammieren; sie allein werden dafür sorgen, daß Sie selbst erkennen, welcher ›Unrat‹ sich während Ihres bisherigen Lebens über Ihren Kopf im Unterbewußtsein angesammelt hat, und ihn kurzerhand hinausschmeißen.

Alle unsere behandelten Themen – das Setzen eines Ziels, richtige Ernährung, körperliche Übungen und so weiter – tragen durch wesentliche neue Informationen wichtige Daten zu der Neuprogrammierung Ihres Unterbewußtseins bei. Ebenso dienen auch die Angaben über die Funktionsweise Ihrer Psyche und des Appetit- beziehungsweise des Sättigungszentrums in Ihrem Gehirn nur diesem einen Ziel! Alle unsere Themen sind Nahrung für Ihren Geist oder – anders ausgedrückt – Daten, die Ihr Computer für seine Neuprogrammierung dringend benötigt. Und es darf schließlich auch nicht vergessen werden, welch wesentliche Bedeutung der Erzeugung eines positiven Selbstbildes im Rahmen einer solchen Neuprogrammierung zukommt.

Erst wenn der Computer mit all diesen wesentlichen Informationen gefüttert worden ist, kann er darangehen, die für Sie richtige Nahrung, die geeigneten körperlichen Übungen und die überhaupt angemessenste Lebensweise auszusuchen! Und er wird all diese Aufgaben ebenso zuverlässig und pünktlich übernehmen und erledigen wie die Kontrolle Ihres Herzschlages, Ihrer Atmung und Ihrer Verdauung. Füttern Sie ihn also noch mit Ihrem idealen Körpergewicht und Aussehen, dann können Sie sich ohne Bedenken und völlig sorglos seiner Obhut anvertrauen.

Die ›automatische Diät‹

Sobald Ihre Umprogrammierung abgeschlossen ist, kann Sie nichts mehr von Ihrem Idealgewicht abhalten. Es ist dann nur noch eine Frage der Zeit, wann es konkrete Wirklichkeit wird. Und *hat* es sich erst verwirklicht, werden Sie es ohne jeglichen Aufwand an Willenskraft zeit Ihres Lebens beibehalten – selbst wenn Sie hin und wieder, auf Partys oder im Restaurant, außergewöhnlich großen Versuchungen ausgesetzt werden sollten. Denn zum einen ist es durchaus möglich, daß die einst so begehrten Leckereien Sie überhaupt nicht mehr reizen werden. Und sollten Sie andererseits tatsächlich einmal über die Stränge schlagen und zuviel essen oder trinken, ›setzt‹ Sie Ihr Unterbewußtsein in den folgenden Tagen ›auf Diät‹ – und zwar nicht etwa dadurch, daß es Sie zu *hungern* zwänge, nein, Sie werden dann einfach weniger Appetit haben und deshalb von sich aus weniger essen. Zum jetzigen Zeitpunkt mag Ihnen diese Behauptung noch unglaubwürdig erscheinen, doch wenn Sie erst einmal Ihre geistige Neuprogrammierung abgeschlossen haben, werden Sie anders darüber denken.

Die in Kapitel drei *(»Lernen Sie sich selbst kennen!«)* beschriebenen körperlichen Übungen reichen schon völlig aus, um die Spannkraft Ihrer Muskeln beträchtlich zu steigern. Die wenigen Minuten, die Sie täglich dazu benötigen, die Handtuchübung, das Seilspringen und die ›Korsett‹-Übung durchzuführen, werden sich mehr als auszahlen: Sie werden für diesen geringen Energieaufwand mit einem geschmeidigen Körper voller Energie und Spannkraft belohnt werden!

Unsere Spickzettelmethode wird Ihnen in ›Notfällen‹ wertvolle Dienste leisten, indem sie Ihrem Unterbewußtsein die in dem betreffenden Augenblick benötigten Informationen gewissermaßen einblendet.

Wenden Sie diese Methode auch dann an, wenn es gilt, einer besonderen Versuchung zu widerstehen! Sie kann Ihnen beispielsweise dabei helfen, sich für einen kalorienarmen, aber vitaminreichen und nahrhaften Joghurt zu entscheiden – statt für die bisherige Tasse Kaffee mit einem Stück Sahnetorte!

Denken Sie auch daran, regelmäßig die empfohlenen Suggestionsformeln anzuwenden und womöglich laut auszusprechen, um den Prozeß der Umprogrammierung noch zusätzlich zu unterstützen.

Auch sollten die Vitamine nicht vergessen werden. Sie stellen in der Umstellungsphase unserer Mentaldiät eine notwendige Ergänzung Ihrer täglichen Ernährung dar, indem sie einmal ›außerplanmäßigem‹ Hunger vorbeugen und Sie außerdem bei der künftigen Wahl Ihrer Speisen in positiver Weise beeinflussen.

Alle diese Punkte, die wir eben noch einmal kurz an Ihnen Revue passieren ließen, dienen also nur dem einen Zweck, verfolgen nur das eine Ziel: Ihrem unbezahlbaren Computer die notwendigen Fakten (und ›Rohstoffe‹) zu liefern, damit er anschließend die Kontrolle über Ihr Körpergewicht übernehmen kann – und Sie selbst sich nicht mehr darum zu kümmern brauchen.

Ein wirkungsvolles neues Selbstbild

Der Hauptzweck der Umprogrammierung Ihres Unterbewußtseins ist, Ihre schöpferische Vorstellungskraft dabei zu unterstützen, das ›dicke‹ Bild, das Sie von sich haben, in ein ›schlankes‹ umzugestalten.

Daß Sie bislang an sich als an einen dicken Menschen dachten, lag nämlich weniger an der äußeren Beschaffenheit Ihres Körpers als – wie wir sahen – an Ihrem allgemein negativen Selbstbild, an Ihren Schuldgefühlen, Minderwertigkeitskomplexen und so weiter. Die Voraussetzung dafür, daß Sie beginnen können, sich ›umzudenken‹, ist also erst einmal eine neue, positive Grundstimmung, ein ›gutes Gefühl‹ sich selbst gegenüber: ein Gefühl des Sichselbstmögens, des Glaubens an sich selbst – ja die Gewißheit, daß auch Sie einen schönen, schlanken Körper *verdienen*.

Dieses Gefühl verstärkt sich allmählich zu einer Überzeugung und wird dann zu einer tatsächlichen Erfahrung. Ein neues Engramm ätzt sich in Ihre Gehirnzellen ein, und Ihr Unterbewußtsein wird von diesem geprägt und ihm ganz genau so folgen, wie es zuvor dem Engramm Ihres ›dicken Selbstporträts‹ gefolgt ist.

Indem Sie so dieses ›schlanke‹ Bild von sich selbst in Ihre Psyche einprogrammieren, lassen Sie etwas Wirklichkeit werden, das als Potential schon seit Ihrer Babyzeit in Ihnen schlummerte. Ein Baby besitzt alle Anlagen zur Vollkommenheit, doch nur zu bald werden diese positiven Voraussetzungen für ein glückliches und zufriedenes Leben von negativen Erfahrungen und falschen Informationen überlagert und von ihnen schließlich ganz und gar verschüttet.

Durch die einfachen Schritte, die wir Ihnen vorgezeichnet haben, können Sie jedoch selbst alle diese negativen Überlagerungen wieder rückgängig machen. Ein aufquellendes Gefühl der Freude, der völligen Zufriedenheit mit sich selbst, wird Ihnen eines schönen Tages untrüglich mitteilen, daß Sie ein wahrhaft wertvoller Mensch sind. Und dann werden Sie mit absoluter Sicherheit *wissen*, daß Sie das falsche ›dicke‹ Selbstbildnis nunmehr durch das richtige ›schlanke‹ ersetzt haben.

Da unser Programm der Mentaldiät so vollkommen neuartig ist, hielten wir es für angebracht, Ihnen die Zusammenhänge, die zwischen den einzelnen behandelten Themenbereichen bestehen, aufzudecken und – wenn auch nur skizzenhaft – zu erläutern. Mit diesem einheitlichen Bild als Hintergrund werden Sie die weiteren Hinweise und Ratschläge des nächsten Kapitels besser verstehen und bereitwillig in sich aufnehmen.

Wir haben Ihnen den Weg gezeigt, *handeln* müssen Sie selbst!

Sie haben den Schlüssel zu Ihrem Gefängnis – öffnen Sie nun die Tür zur Freiheit!

11

Weitere Schlankheitstips

Im ersten Kapitel habe ich Ihnen erklärt, daß Sie ein Gefangener Ihres eigenen Geistes sind. Sie wissen inzwischen, daß Ihr ›Gefängnis‹ aus den unzähligen falschen Informationen und Überzeugungen besteht, die Sie seit Ihrer frühen Kindheit in Ihr Unterbewußtsein eingelassen haben. Sie erfuhren auch, daß Sie im Grunde niemanden für diese falschen Programmierungen, die Sie bis jetzt als Wahrheiten akzeptiert hatten, verantwortlich machen können. Bis vor gar nicht langer Zeit waren die Funktionsweisen des menschlichen Geistes noch sehr wenig bekannt.

Doch inzwischen wissen auch Sie gut genug darüber Bescheid, um sich selbst aus Ihrem Gefängnis befreien zu können. Wenn Sie es trotzdem *nicht* tun − dann müssen Sie sich künftig selbst die alleinige Verantwortung dafür zuschreiben!

Ein tausendfach erprobtes Programm

Dies ist ein ›Bewußtseinsbuch‹, ein Buch, das geschrieben wurde, um Sie Ihres eigenen wunderbaren Potentials, Ihrer Kreativität und der unerschöpflichen Macht Ihres Geistes, gewahr werden zu lassen. Unser Programm stützt sich auf die Erfahrungen sehr, sehr vieler Menschen, die in den letzten acht Jahren an unseren Kursen teilnahmen. Alle diese Menschen haben sich selbst, ihren Familien und Freunden bewiesen, daß von dem Augenblick an, da sie sich der schöpferischen Macht ihres Geistes bewußt wurden, *die Welt ihnen gehörte.*

Auch Sie haben inzwischen erkannt, in wie vielen Bereichen des Lebens unsere Methoden und Ratschläge von Nutzen sein können – im Beruf, zu Hause und bei jeder Art zwischenmenschlicher Beziehungen: überall können sie wahre Wunder bewirken! Der positive Einfluß unseres Programms beschränkt sich also keineswegs ausschließlich auf Ihre Gewichtsprobleme.

Indem man sich eines Problems bewußt wird, erhält man fast immer auch den Schlüssel zu dessen Lösung! Genauso ist es auch mit Ihrer Psyche. Sobald Sie erkannt haben, wie Ihr Bewußtsein und Ihr Unterbewußtsein zusammenarbeiten, haben Sie auch erstmals die Möglichkeit, wirklich *selbst* zu entscheiden, wie Sie künftig handeln werden!

Einige besondere Hilfsmittel

Den größten Teil dieses Kapitels machen die ausführlichen Beschreibungen einiger besonderer geistiger Übungen aus. Die erste davon dient dem Zweck, Ihr Unterbewußtsein mit einer Abneigung gegen Süßigkeiten, und die zweite, es gegen Stärke und reine Kohlehydrate zu programmieren. Eine weitere Übung soll Ihr Unterbewußtsein dazu veranlassen, für Sie Ihr Idealgewicht festzusetzen. Sie wissen ja noch, was wir über die angebliche Freiheit Ihres Handelns gesagt hatten: Selbst wenn Sie sich bereits bewußt ein Gewichtsziel gesetzt haben sollten, könnte diese Ihre Entscheidung durchaus infolge einer früheren falschen Programmierung – also gegen Ihren *wirklichen* Willen durchkreuzt werden.

Es wäre doch möglich, daß Sie sich unbewußt einen Körper mit *Twiggy*-Maßen – um nur ein Beispiel zu nennen – auserkoren hatten, weil bestimmte Prägungen aus Ihrer Kindheit Sie schlicht und einfach dazu zwangen! Vielleicht hätte Ihr Vater lieber einen Sohn als eine Tochter gehabt, und Sie wollen deshalb auch heute noch unbewußt eher einem Knaben als einer Frau gleichen? Oder Sie bewunderten in Ihrer Jugend vielleicht einen äußerst beliebten Schulkameraden, der zufällig rappeldürr war. Und nun versuchen Sie heute – unbewußt natürlich –, indem Sie ebenso dünn werden wie er, auch seine damalige Beliebtheit zu erlangen?

Genaugenommen würde es sich also in all diesen Fällen und ähnlichen ›Geschmacksfragen‹ in Wirklichkeit um ›Entscheidungen‹ Ihres – falsch programmierten – Unterbewußtseins handeln, von dessen *grundsätzlichem* Einfluß Sie sich ja nicht befreien können. Andererseits ›weiß‹ tatsächlich niemand so gut wie das Unterbewußtsein – als die ›Schaltzentrale‹ all Ihrer physiologischen Vorgänge –, welche Figur die Ihnen gemäßeste ist. Und wenn es bislang für einen ›falschen‹, zu dicken Körper gesorgt hatte, so nur deswegen, weil es mit falschen Ideen und Wertvorstellungen gefüttert worden war. Geben Sie ihm also mit Hilfe dieses Buches die *richtigen* Informationen ein, so wird es auf einmal imstande sein, Ihr wahres Idealgewicht festzustellen *und* es konkrete Wirklichkeit werden zu lassen!

Weiterhin habe ich für Sie in diesem Kapitel eine Diät zusammengestellt, die Sie während der 21 Tage der Neuprogrammierung Ihres Unterbewußtseins nach Möglichkeit einhalten sollten. Ich habe Ihnen zwar versprochen, daß bei unserem Programm die *bewußte* Einhaltung jeglicher besonderen Diät überflüssig wird – und ich bleibe bei meinem Wort. Wenn Sie es allerdings schaffen könnten, schon während der Anlaufphase einen gewissen ›Vorsprung‹ herauszuarbeiten, würde das natürlich den Vorgang der Neuprogrammierung beträchtlich erleichtern.

Ich schlage Ihnen also eine sehr proteinreiche, kalorien- und kohlehydratarme Diät vor. Sobald Sie dann Ihre Programmierung abgeschlossen haben, können Sie auch wieder zu anderer Kost übergehen. Doch da unsere Diät in vielfacher Hinsicht Ihr Vorhaben unterstützt, sollten Sie versuchen, sie wenigstens bis dahin konsequent einzuhalten.

Weiterhin finden Sie einige nützliche Tips für die ›schlanke Küche‹. Wenn die Neuprogrammierung Ihres Geistes erst einmal abgeschlossen ist, werden Sie schwere, fett- und kohlehydratreiche Speisen sicherlich ablehnen und nach Alternativen suchen. Unsere Vorschläge können dann den Grundstein für eine völlige Umstellung Ihrer Kochgewohnheiten ergeben!

Gleichfalls Bestandteil dieses Kapitels ist eine Tabelle, an der Sie ablesen können, wie viele Kalorien Sie entsprechend Ihrem Geschlecht und Alter täglich zu sich nehmen sollten oder dürfen. Sobald sich diese Daten Ihrem Unterbewußtsein in Form von Engrammen fest eingeprägt haben, brauchen Sie die Tabelle nicht mehr ständig zu Rate zu ziehen; doch bis zu diesem Zeitpunkt dürfte sie für Sie von erheblichem Nutzen sein.

Aufgrund sportwissenschaftlicher Untersuchungen wissen wir heute, daß unser Körper sich am allerbesten durch regelmäßig abwechselnde Perioden der Ruhe und der Beanspruchung entwickelt. Den für unsere Zwecke wirkungsvollsten ›Trainingsplan‹ haben wir also in diesem Kapitel ebenfalls für Sie entworfen.

Und schließlich möchten wir Ihnen noch die alte, durch jahrhundertelange Erfahrung erprobte Weisheit mit auf den Weg geben:

Theorie ist schön und gut,
doch das Handeln verändert die Welt!

Die einzelnen ›Hilfsmittel‹ dieses Kapitels

Die einzelnen ›Hilfsmittel‹ dieses Kapitels sollen hier noch einmal für Sie – der Anschaulichkeit halber – der Reihe nach aufgelistet werden:

1. Bewußtseinsübung im Alphazustand zur Programmierung gegen Süßigkeiten.
2. Bewußtseinsübung im Alphazustand zur Programmierung gegen Stärke und Kohlehydrate.
3. Bewußtseinsübung im Alphazustand zur Feststellung des persönlichen Idealgewichts.
4. ›Schlanke Küche‹.
5. Vier Tips, um mehr Nährwert aus weniger Essen zu erhalten.
6. Kalorientabelle und Umrechnungsformel.
7. Zusätzliche Affirmationen.
8. Diät für die 21 Tage der Neuprogrammierung Ihres Unterbewußtseins.
9. Übungsplan mit abwechselnden Phasen der Ruhe und der Aktivität.

1. Geistige Übung, um das Unterbewußtsein gegen Süßigkeiten zu programmieren

Lesen Sie bitte erst die gesamte Übung, bevor Sie damit anfangen!

Nehmen Sie zuallererst zwei Stücke Ihrer bevorzugten Süßigkeit. Setzen Sie sich nun auf Ihren Lieblingsstuhl und stellen Sie die Füße flach auf den Boden. Atmen Sie dreimal tief durch, füllen Sie Ihre Lunge vollständig mit Luft, um Ihren Körper von überflüssigem Kohlendioxyd zu befreien.

Nehmen Sie nun das eine Stück Süßigkeit und riechen Sie daran. Konzentrieren Sie sich ganz und gar auf den Geruch, machen Sie ihn sich vollkommen bewußt. Während Sie sich so noch in dem gewohnten Zustand Ihres Wachbewußtseins befinden, probieren Sie mit der Zungenspitze ein wenig von der Süßigkeit. Nehmen Sie ein Stückchen davon in den Mund und kosten Sie seinen Geschmack vollständig aus – nehmen Sie ihn mit all Ihren Geschmacksknospen wahr! Diese Geschmackssensoren befinden sich in Ihrem ganzen Mund und vor allem an den Rändern der Zunge, auf der Zungenspitze und an der Zungenwurzel.

Seien Sie sich – zunächst auf dieser Bewußtseinsebene – vollkommen der Geschmacksempfindung in Ihrem Mund bewußt. Halten Sie sich nun die Nase zu und schauen Sie, was mit dem Geschmack geschieht. Hat Ihr Geruchssinn irgend etwas mit dem Schmecken der Süßigkeit zu tun?

Sie werden diesen Test später, wenn Sie sich im Zustand herabgesetzten Bewußtseins, im Alphazustand, befinden, noch einmal wiederholen und werden dann eine außerordentlich intensive süße Geschmacksempfindung wahrnehmen. Doch für den Augenblick halten Sie sich noch ein wenig die Nase zu und schauen Sie, was mit Ihrem Geschmackssinn passiert, wenn Sie nichts mehr riechen können. Stellen Sie genau fest, welche Geschmackskomponenten verschwunden und welche noch vorhanden sind.

Später werden Sie sich mit Hilfe der schöpferischen Vorstellungskraft eine starke Abneigung gegen jede Art von Süßigkeit einprogrammieren – aber ganz besonders gegen Ihre Lieblingssüßigkeit. Während Sie sich im Alphazustand befinden, sind nämlich Ihre Geschmacksknospen wesentlich empfindlicher als bei hellem Wachbewußtsein und werden deshalb Ihrem Unterbewußtsein die Botschaft einprägen, daß Süßigkeiten *widerlich süß* schmecken.

Dieselbe Methode können Sie auch dann anwenden, wenn Sie zum Beispiel regelmäßig zuviel Zucker in Ihrem Kaffee oder Tee einnehmen. Bereiten Sie sich in diesem Fall eine Tasse des entsprechenden Getränks zu, nehmen Sie aber diesmal lediglich ein Viertel Ihrer gewohnten Zuckermenge. Dann versenken Sie sich in den Alphazustand, so wie wir es in Kapitel sechs beschrieben haben und gleich noch einmal ausführen werden. Nun trinken Sie Ihren Kaffee oder Tee in ganz kleinen Schlückchen, und Sie werden sich dabei seiner Süße vollkommen bewußt.

Von diesem Zeitpunkt an werden Sie mit diesem Quantum an Zucker – dem Viertel Ihres vormaligen Bedarfs – absolut zufrieden sein! Bewußtmachung ist nämlich auch hier der Schlüssel zum Erfolg: Sobald Sie sich der extremen Süße des Kaffees oder Tees bewußt geworden sind, wird auch Ihr Verlangen nach Zucker im Essen künftig um ein erhebliches Maß sinken. Doch vergessen Sie nicht: Nicht alle Menschen sind gleich (und gleich schnell programmierbar). Sollte diese Methode deshalb beim ersten Mal noch nicht wirken, wenden Sie sie so lange an, bis sie auch bei Ihnen den erwünschten Erfolg gezeitigt hat!

Ich kenne eine Frau, die sich mit dieser Methode von ihrer Sucht nach Schokolade befreite. Sie war auf diese Süßigkeit geradezu versessen und schaffte es absolut nie, ihr zu widerstehen. Dann kostete sie ein Stück ihrer Lieblingsschokolade im Alphazustand. Und mit einemmal – so erklärte sie mir hinterher – wurde sie sich der außerordentlichen Süße dieser Leckerei bewußt: sie schmeckte geradezu *abscheulich süß!*

Doch das Ausschlaggebende war die Erfahrung, die sie anschließend machte, als sie sich die Nase zuhielt und dabei weiteraß. Es war eine riesengroße Ernüchterung für sie, daß die Schokolade – ohne ihren typischen Geruch – schlicht nach völlig geschmacklosem Wachs ›schmeckte‹. Schlimmer noch, sie hatte sogar die typische Konsistenz von Wachs! Und von diesem Augenblick an war es mit ihrer Leidenschaft für Schokolade ein für allemal vorbei!

Doch lassen Sie uns nach dieser kurzen Abschweifung mit unserer geistigen Übung fortfahren:

Sie sitzen also auf Ihrem Lieblingsstuhl, Ihre Füße liegen flach auf dem Boden. In Ihrer Hand halten Sie die zwei Stücke Ihrer Lieblingssüßigkeit. Essen Sie nun, wie oben ausgeführt, das eine davon, und werden Sie sich dabei Ihrer verschiedenen Geschmacksempfindungen so vollständig wie möglich bewußt.

Schließen Sie nun die Augen, atmen Sie dreimal tief durch und wiederholen Sie beim Ausatmen innerlich das Wort *entspannen*. Jetzt sind Sie im Alphazustand, und zwar immer tiefer, indem Sie tief durchatmen und nun beim Ausatmen das Wort *innen* wiederholen. Um sich noch tiefer zu versenken, atmen Sie erneut tief durch und wiederholen Sie bei sich die Worte *innen entspannen*.

Nun werden Sie alle Bereiche Ihres Körpers vom Scheitel bis zur Sohle entspannen, um in noch tiefere, ausgedehntere Bereiche des Alphabewußtseins einzutreten. Indem Sie sich so entspannen, werden sich die Schwingungen Ihrer Gehirnwellen bis auf acht Hertz verlangsamen.

›Sehen‹ Sie nun mit Hilfe Ihrer schöpferischen Vorstellungskraft ein sich drehendes Rad. Sehen Sie, wie es sich erst schnell und dann immer langsamer und langsamer dreht, während Sie sich mehr und mehr entspannen. Merken Sie, wie entspannt, voller Frieden und ruhig Sie sich fühlen – jetzt, da sich das Rad nur noch sehr, sehr langsam dreht?

Stellen Sie sich mit Ihrer kreativen Vorstellungskraft vor, wie Sie Ihre Kopfhaut und Ihren Scheitel entspannen. Entspannen Sie dann Stirn und Gesichtsmuskeln. Erlauben Sie Ihrem Mund, sich leicht zu öffnen. Erlauben Sie diesem Gefühl der Entspannung, langsam durch Ihren ganzen Körper abwärts zu fließen, bis hinunter zu den Zehenspitzen.

Stellen Sie sich nun vor, wie Sie Nacken, Hals und Schultern entspannen, dann Arme und Hände. Spüren Sie, wie sich diese Entspannung ausbreitet und langsam abwärts fließt – und das Rad dreht sich immer langsamer... und langsamer.

Entspannen Sie jetzt die Rückenmuskulatur, die Brust- und Bauchmuskeln, stellen Sie sich vor, wie die Entspannung abwärts fließt, hinunter bis zu Ihren Zehenspitzen.

Es ist ein wunderbares Gefühl, so tief entspannt zu sein!

Sie befinden sich jetzt auf einer tieferen, erweiterten Ebene des Alphabewußtseins, und das Rad dreht sich nur noch sehr, sehr langsam.

Um sich *noch* tiefer in den Alphazustand zu versenken, stellen Sie sich nun sich selbst in einer heiteren, entspannten Situation vor. Sie befinden sich an Ihrem liebsten Aufenthaltsort – wo immer das auch sein mag.

Verbringen Sie fünf Minuten an diesem Ihrem Idealplatz und ermöglichen Sie sich dadurch eine noch tiefere Entspannung. Atmen Sie tief durch und versenken Sie sich in noch tiefere Bereiche dieses Bewußtseinszustands. Das Rad dreht sich immer langsamer und langsamer.

Wenn Sie an Ihrem ganz persönlichen ›Signal‹ erkennen, daß Sie sich tief entspannt im Zustand des Alphabewußtseins befinden, kann der zweite Teil Ihrer Umprogrammierung beginnen. Dieses ›Signal‹ ist, wie Sie sich erinnern werden, bei jedem Menschen verschieden. Nach kurzer Übung werden Sie die für sie typischen körperlichen Anzeichen herausgefunden haben, die Ihnen dann jedesmal den Eintritt in die tiefsten Bereiche dieser Bewußtseinserfahrung melden.

Sobald dies zutrifft, nehmen Sie das zweite Stück Süßigkeit in den Mund und kosten Sie wiederum den Geschmack voll aus, nehmen Sie ihn mit all Ihren Geschmacksknospen wahr. Seien Sie sich der Geschmacksempfindung in Ihrem ganzen Mund bewußt. Stellen Sie die außerordentliche Süße fest, den abstoßend süßen Geschmack. Er ist geradezu ekelerregend süß.

Halten Sie sich nun die Nase zu und schauen Sie, was mit dem Geschmack passiert. Ist der Geschmack der Süßigkeit verflogen? Bleibt nur noch eine sandige, schmierige oder wachsartige Empfindung in Ihrem Mund? Oder schmeckt es vielleicht nur noch nach Pappe?

Benutzen Sie nun Ihre schöpferische Vorstellungskraft, um sich für alle Zukunft gegen Süßigkeiten zu programmieren. Sehen Sie sich selbst, wie Sie sich der abstoßend süßen Geschmacksempfindung vollkommen bewußt sind und *nein* sagen – nicht das geringste Verlangen mehr danach verspüren, so etwas in den Mund zu nehmen. Verbringen Sie einige Minuten damit, sich diese Situation in allen Einzelheiten vorzustellen und zu verinnerlichen – sowohl das vorgestellte Bild als auch den wahrgenommenen Geschmack. Sprechen Sie dann dreimal hintereinander aus: »*Ich mag mich selbst bedingungslos!*«

Strecken Sie nun langsam die Arme aus, dehnen Sie sie über den Kopf und verlassen Sie den Alphazustand Ihres Bewußtseins. Kehren Sie wieder zum Betazustand des Wachbewußtseins zurück.

Sie haben sich nun gegen Süßigkeiten programmiert. An Ihrem anschließenden Verhalten gegenüber Süßigkeiten können Sie nun selbst ablesen, ob bereits diese erste Durchführung der Übung genügte. Sollte dies jedoch nicht der Fall sein, so wiederholen Sie sie so oft, bis der erwünschte Erfolg sich einstellt und auch das letzte Restchen Verlangen nach Süßem vollständig ausgelöscht ist.

2. Geistige Übung zur Programmierung gegen Kohlehydrate

Lesen Sie die ganze Übung, bevor Sie damit anfangen!

Nehmen Sie zwei Kartoffelchips oder Pommes frites (oder was Sie sonst an kohlehydratreichen Speisen bevorzugen) in die Hand. Riechen Sie daran, machen Sie sich den Geruch vollkommen bewußt. Lecken Sie mit der Zungenspitze daran, während Sie sich immer noch im wachbewußten Betazustand befinden. Nehmen Sie nun einen der – sagen wir – Kartoffelchips in den Mund und kosten Sie den Geschmack voll aus, mit allen Ihnen zu Gebote stehenden sinnlichen Fähigkeiten. Setzen Sie alle Geschmacksknospen Ihrer Zunge und Ihres übrigen Mundes zu diesem Zweck ein. Seien Sie sich – in diesem wachbewußten Zustand – völlig des Geschmacks in Ihrem Mund bewußt. Halten Sie sich nun die Nase zu und sehen Sie, was mit dem Geschmack geschieht.

Nun versenken Sie sich in den Alphazustand Ihres Bewußtseins und wiederholen das Ganze noch einmal.

Sie sitzen bequem auf Ihrem Lieblingsstuhl und haben die Füße flach auf den Boden gestellt. Schließen Sie die

Augen, nehmen Sie drei tiefe Atemzüge. Wiederholen Sie beim Ausatmen jedesmal innerlich das Wort *entspannen*.

Um das Alphabewußtsein zu vertiefen, atmen Sie wieder tief durch, wiederholen aber diesmal beim Ausatmen das Wort *innen*.

Um sich noch tiefer zu versenken, atmen Sie tief durch und wiederholen Sie im Geiste die Worte *innen entspannen* mehrere Male, und zwar immer beim Ausatmen.

Entspannen Sie jetzt alle Bereiche Ihres Körpers, angefangen beim Scheitel bis zu den Zehenspitzen. Nun sind Sie im Begriff, sich in den Alphazustand zu versenken.

Während Sie nun nach und nach alle Teile Ihres Körpers entspannen und allmählich in den tiefentspannten Zustand des Alphabewußtseins gelangen, verlangsamen sich die Schwingungen Ihrer Gehirnwellen auf ungefähr acht Hertz. Mit Hilfe Ihrer kreativen Vorstellungskraft ›sehen‹ Sie, wie sich unser Rad immer langsamer und langsamer dreht, je mehr Sie sich entspannen. Wenn sich das Rad nur noch sehr, sehr langsam dreht, fühlen Sie sich rundherum entspannt, voll inneren Friedens und vollkommen ruhig.

Entspannen Sie mit Hilfe Ihrer schöpferischen Vorstellungskraft Ihren Scheitel und die Kopfhaut, dann die Stirn und die Gesichtsmuskeln. Erlauben Sie Ihrem Mund, sich leicht zu öffnen. Erlauben Sie dieser Empfindung, langsam abwärts zu fließen, durch den ganzen Körper und bis hinunter zu den Zehenspitzen.

Entspannen Sie nun Hals, Nacken und Schultern, entspannen Sie Arme und Hände und spüren Sie, wie diese Gelöstheit sich in Ihrem ganzen Körper ausbreitet. Das Rad dreht sich immer langsamer und langsamer.

Stellen Sie sich nun vor, wie Sie Ihre Rückenmuskeln, Ihre Brust- und Bauchmuskeln entspannen. Spüren Sie, wie diese Entspannung abwärts fließt, bis hinunter zu Ihren Zehen.

Entspannen Sie jetzt Hüften und Beine, Waden und Füße und schließlich auch die Zehen.

Es ist ein solch wundervolles Gefühl, so tief entspannt zu sein!

Sie befinden sich nun mitten in der Alphaebene Ihres Bewußtseins, und das Rad dreht sich nur noch sehr, sehr langsam.

Um die Versenkung noch zu optimieren, stellen Sie sich nun eine heitere, entspannende Situation vor: Sie befinden sich an Ihrem liebsten Aufenthaltsort – wo immer das auch sein mag. Verbringen Sie ungefähr fünf Minuten an diesem Ihrem Lieblingsplatz und gönnen Sie sich eine noch tiefere Entspannung. Atmen Sie tief durch, das Rad dreht sich nur noch sehr, sehr langsam. Achten Sie auf Ihr persönliches ›Signal‹, an dem Sie erkennen können, daß Sie sich wirklich im Zustand des Alphabewußtseins befinden.

Nun können Sie mit dem Geschmackstest beginnen.

Legen Sie Ihren Kartoffelchip auf die Zunge und kosten Sie ihn. Schmecken Sie ihn mit allem, was Ihnen dafür in Ihrem Mund zur Verfügung steht – seien Sie sich des Geschmacks vollkommen bewußt. Stellen Sie fest, wie viele verschiedene Geschmacksnuancen Sie unterscheiden können. Beißen Sie jetzt zu und achten Sie auf das krachende Geräusch, das dadurch entsteht. Riechen Sie den Kartoffelchip in Ihrem Mund und stellen Sie fest, ob der Geruch den Geschmack klarer ausprägt und weiter intensiviert.

Während Sie sich also nun im Alphazustand befinden, vergegenwärtigen Sie sich, daß Kartoffelchips, Pommes frites und Teigwaren fast nur aus Kohlehydraten bestehen, die einen höchst geringen Nährwert besitzen. Von jetzt an werden alle Lebensmittel, die nur aus Kohlehydraten bestehen, einen pappigen, faden Geschmack haben und des-

165

halb keinerlei Reiz mehr auf Sie ausüben. Programmieren Sie sich, diesen faden Geschmack festzustellen, machen Sie sich bewußt, wie sehr er Sie an Pappe erinnert, und zwar ganz besonders dann, wenn Sie sich die Nase zuhalten und keinen Geruch mehr wahrnehmen können.

Programmieren Sie sich jetzt, indem Sie Ihre schöpferische Vorstellungskraft benutzen: Sehen Sie sich selbst am Mittagstisch sitzen und *nein* zu jeder Speise sagen, die aus reinen Kohlehydraten besteht. Sie bleiben sich dabei immer der Tatsache vollkommen bewußt, daß Nudeln, Pommes frites und Brot aus weißem Mehl – wenn Sie es essen würden – ja ohnehin nur nach fader Pappe schmeckten.

Setzen Sie Ihre Umprogrammierung fort. Sie erkennen, daß proteinreiche Speisen wie Eier, Käse und Fleisch Ihr Appetit- beziehungsweise Ihr Sättigungszentrum ausgewogen beanspruchen und dadurch übermäßigen Hunger verhindern. Doch darüber hinaus schmecken sie Ihnen ganz ausgezeichnet und geben Ihnen einen Schuß zusätzlicher Energie. Diese Nahrungsmittel werden Sie zu einem dynamischen Menschen machen, voller Vitalität und Tatendrang, der sein Leben in vollen Zügen genießen kann.

Sie sehen sich nun an Ihrem Tisch sitzen und mit Genuß einen gemischten Salat zubereiten. Sie sehen ganz deutlich frische grüne Salatblätter, knackige Streifchen Sellerie, hellgrüne Scheibchen Gurke und leuchtend rote, mit Kresse bestreute Tomatenstücke. Vielleicht mögen Sie auch Avocado dazu oder fein geschnittene frische Radieschen oder süße knackige Karotten? Fügen Sie nach Belieben Gemüse Ihrer Wahl hinzu! Dann mischen Sie diesen Salat mit einer Soße nach Ihrem Geschmack und garnieren ihn anschließend mit Käsestreifchen, Schinken und gekochten Eiern – ganz wie Sie möchten.

Während Sie diesen Salat essen, fühlen Sie, wie sich jeder Mundvoll in Ihrem Körper in schiere Lebenskraft und Energie verwandelt. Dieser ›Brennstoff‹ dringt als reine Gesundheit in jede einzelne Ihrer Körperzellen. Stellen Sie sich dies bildlich einige Sekunden lang vor und versuchen Sie, alle unterschiedlichen Geschmacksempfindungen auszukosten.

Bevor Sie den Alphazustand wieder verlassen, sprechen Sie abschließend unsere ›Worte der Macht‹ dreimal hintereinander aus: »*Ich mag mich selbst bedingungslos!*«

Strecken und dehnen Sie jetzt Ihre Arme und spannen Sie all Ihre Muskeln. Sie kehren damit zum Betazustand des Wachbewußtseins zurück.

Nun haben Sie sich selbst *gegen* reine Kohlehydrate und *für* Proteine und Salate programmiert.

3. Geistige Übung zur Feststellung Ihres ganz persönlichen Idealgewichts

Indem Sie sich mit Hilfe unserer Entspannungsübung in den Alphazustand versetzen, wird Ihr Unterbewußtsein imstande sein, Ihr Idealgewicht festzustellen. Ihr Unterbewußtsein ›kennt‹ Sie sehr viel besser als alle Ihre Freunde und Verwandten, Ihr Arzt oder gar Sie selbst. Wenn Sie Ihrem Unterbewußtsein gestatten, mit Ihnen zu ›sprechen‹, werden Sie sehr viel nützliche Informationen über sich selbst erhalten. Doch die einzige Methode, um ein solches ›Gespräch‹ zustande kommen zu lassen, besteht darin, sich zu entspannen und sich dadurch in den Alphazustand zu versetzen, der eine solche ›Zwiesprache‹ ermöglicht.

Beginnen Sie also auch diese Übung wie die vorherigen wachbewußt damit, daß Sie sich auf Ihren Lieblingsstuhl setzen und die Füße flach auf den Boden stellen. Legen Sie die Hände locker in Ihren Schoß, schließen Sie die Augen und atmen Sie dreimal tief durch. Wiederholen Sie beim Ausatmen im Geiste das Wort *entspannen*.

Nun vertiefen Sie die Entspannung, indem Sie tief durchatmen und beim Ausatmen das Wort *innen* wiederholen. Um sich noch tiefer in Ihr Alphabewußtsein zu versenken, atmen Sie wiederum ein paarmal tief durch und wiederholen Sie diesmal beim Ausatmen die Worte *innen entspannen*.

Damit Sie sich nun noch tiefer versenken können, entspannen Sie nacheinander alle Teile Ihres Körpers vom Scheitel bis hinunter zu Ihren Fußspitzen.

Mit jedem Teil Ihres Körpers, den Sie entspannen, werden Sie tiefer und tiefer in den Alphazustand Ihres Bewußtseins gelangen, bis Ihre Gehirnwellen sich auf ungefähr acht Schwingungen pro Sekunde verlangsamt haben. Versuchen Sie mit Hilfe Ihrer schöpferischen Vorstellungskraft, das Rad zu sehen, das sich erst schnell und dann, je mehr Sie sich entspannen, immer langsamer und langsamer dreht. Wenn sich das Rad nur noch sehr, sehr langsam dreht, fühlen Sie sich vollkommen entspannt, friedvoll und ruhig.

Stellen Sie sich nun mit Hilfe Ihrer kreativen Vorstellungskraft vor, wie Sie zuerst Ihre Kopfhaut, dann den Scheitel und dann die Stirn entspannen. Entspannen Sie die Gesichtsmuskeln und erlauben Sie Ihrem Mund, sich leicht zu öffnen. Lassen Sie es zu, daß diese Empfindung sich über Ihren ganzen Körper ausbreitet und langsam abwärts fließt, bis hinunter zu Ihren Zehenspitzen.

Nun stellen Sie sich vor, Hals, Nacken und Schultern zu entspannen, dann Arme und Hände. Spüren Sie, wie sich diese Entspannung in Ihrem ganzen Körper ausbreitet und abwärts fließt, bis hin zu Ihren Zehenspitzen. Das Rad dreht sich langsamer und immer langsamer.

Sie entspannen jetzt die Rückenmuskeln, die Brust- und Bauchmuskeln. Sie stellen sich vor, wie diese Empfindung Ihren ganzen Körper durchdringt und sich bis zu den Zehen ausbreitet.

Jetzt entspannen Sie Ihre Hüften und Beine, die Waden und die Füße, ganz zuletzt entspannen Sie auch ihre Zehen.

Es ist solch ein wundervolles Gefühl, so tief entspannt zu sein!

Sie befinden sich in einem tiefen, gelösten Zustand der Entspannung, im Alphazustand. Stellen Sie sich nun Ihren Lieblingsplatz vor, einen ruhigen, heiteren Ort. Verbringen Sie einige Minuten dort.

Jetzt befinden Sie sich im tiefentspannten Zustand des Alphabewußtseins.

Sehen Sie mit Hilfe Ihrer schöpferischen Vorstellungskraft eine große, altmodische Waage vor Ihrem geistigen Auge. Der Zeiger steht noch auf Null. Sie machen einen Schritt nach vorn und stellen sich auf diese große, altmodische Waage. Sie sehen sich jetzt selbst auf der Waage stehen und sehen, wie sich der Zeiger allmählich von der Null wegbewegt. Sie schauen genau hin, Sie sehen zu, wie der Zeiger langsam über die Zahlen gleitet. Er hält bei einer Zahl inne, bewegt sich dann wieder ein wenig zurück und pendelt sich schließlich ein: Das ist Ihr Idealgewicht! Es kann mit dem von Ihnen im Zustand des Wachbewußtseins ausgesuchten Idealgewicht übereinstimmen – es kann aber auch völlig davon abweichen. Sollte letzteres der Fall sein, dann bedenken Sie bitte, daß Ihr Unterbewußtsein Sie weit besser kennt als Sie selbst (im wachbewußten Zustand). Zeigt die Waage ein großes Übergewicht an, dann verweist das darauf, daß Sie Überzeugungen hegen und dem Unterbewußtsein eingeprägt haben, die Sie am Abnehmen hindern.

4. ›Schlanke‹ Küche

Was bedeutet ›schlanke Küche‹? Es bedeutet die Art zu kochen, an die Sie sich für den Rest Ihres Lebens gewöhnen sollten und die Sie bereits nach kurzer Zeit genießen werden. Es bedeutet, gesunde, natürliche, fettarme Speisen zu kochen.

Es bedeutet auch, nichts zu zerkochen. Kochen Sie das Essen gerade so lange, bis es gar ist, auf keinen Fall aber länger!

Im Falle der meisten Gemüsearten bedeutet dies beispielsweise nicht mehr als einige wenige Minuten. Dann werden Sie aus jeder einzelnen Speise den optimalen Nährwert herausholen.

›Schlankes Kochen‹ bedeutet weiterhin, mit Fetten, Zucker und anderen Dickmachern zu knausern. Es bedeutet auch, kein Geld für Teigwaren, gehaltvolle Soßen und Kuchen zu vergeuden.

Verwenden Sie Ihr Geld lieber für mageres Fleisch, mageren Fisch, Geflügel – oder, falls Sie Vegetarier sind, für einen guten Fleischersatz.

Essen Sie viel frisches Obst und Gemüse, und trinken Sie fettarme Milch. Reichern Sie den Geschmack Ihrer Speisen mit vielen frischen Kräutern an – mit Kresse, Thymian, Basilikum, Borretsch, Schnittlauch –, die außerdem auch noch viele Vitamine und Mineralstoffe enthalten und sich auf den Kreislauf und die Verdauung positiv auswirken. Verwenden Sie anstelle von Zucker ausschließlich Honig oder Sirup.

Wenn Sie Fleischesser sind, dann denken Sie bitte daran, daß es nicht nötig ist, die teuersten Stücke zu kaufen, um vorzügliches mageres Fleisch zu bekommen; es ist vielmehr sogar so, daß die billigeren Stücke mehr Nährwert enthalten, also eher zu empfehlen sind. Entfernen Sie das Fett vor dem Kochen so weit wie möglich, braten oder schmoren Sie dann das Fleisch und gießen Sie das dabei ausgelaufene Fett ab, bevor Sie eine leichte Soße zubereiten.

Oder lassen Sie nach Möglichkeit das Fleisch erst erkalten, heben Sie das Fett vom Bratensaft ab und wärmen Sie es erst dann wieder auf.

Nehmen Sie beim Frühstück möglichst viel Proteine zu sich; Sie halten dadurch Ihren Blutzuckerspiegel auf einem gleichmäßigen Stand und Ihr Appetitzentrum in Schach.

5. *Vier Tips, wie Sie mehr Nährwert aus weniger Essen erhalten können*

a) Essen Sie langsam und in einer entspannten, friedlichen Atmosphäre.

b) Nehmen Sie bei jeder Mahlzeit genügend Proteine zu sich (dies bedeutet nicht unbedingt Fleisch: Joghurt, Quark, magerer Käse und Eier sind auch sehr zu empfehlen).

c) Verringern Sie Ihren Verbrauch an reinen Kohlehydraten (Stärke und Zucker) auf ein absolutes Minimum. Sie können Kohlehydrate in Form von Vollkornprodukten durchaus zu sich nehmen. Produkte aus weißem Mehl sollten Sie aber unbedingt vermeiden.

d) Kauen Sie Ihr Essen doppelt so lange wie bisher. Zum einen haben Sie dann auch ein doppelt so langes Eßvergnügen, und zum anderen lassen Sie dem Blutzuckerspiegel die nötige Zeit, um zu steigen und Ihr Sättigungszentrum zu ›informieren‹, daß Sie genug gegessen haben. Auf diese Weise sind Sie mit weniger Essen zufrieden und schneller vollkommen satt. So wird es Ihnen auch wirklich Freude bereiten, weniger zu essen!

6. Kalorientabelle und Umrechnungsformel

An der folgenden Tabelle können Sie ablesen, wie viele Kalorien Sie pro Tag essen sollten, *wenn* Sie einmal Ihr *Idealgewicht erreicht* haben.

Frauen

Gewicht in Pfund	25 Jahre	45 Jahre	65 Jahre
99	1900	1800	1500
110	2050	1950	1600
121	2200	2050	1750
128	2300	2200	1800
132	2300	2200	1850
143	2500	2300	2000
154	2600	2450	2050
165	2750	2600	2150

Männer

Gewicht in Pfund	25 Jahre	45 Jahre	65 Jahre
110	2500	2350	1950
121	2700	2550	2150
132	2850	2700	2250
143	3000	2800	2350
154	3200	3000	2550
165	3400	3200	2700
176	3500	3350	2800
187	3700	3500	2900

Diese Tabelle ist für einen erwachsenen Mann mit durchschnittlicher Lebensweise gedacht. Sollten Sie sich viel bewegen oder Sport treiben, dann fügen Sie so viele Kalorien hinzu, wie Ihnen Ihr Hausarzt empfiehlt. Gehören Sie jedoch zu den Menschen, die den Großteil des Tages beruflich und privat sitzend verbringen, ziehen Sie entsprechend viele Kalorien ab!

Wenn Sie sich diese Kalorientabelle mehrmals angesehen und Ihre Zahlen verinnerlicht haben, tragen Sie auch damit dazu bei, Ihren ›Computer‹ richtig zu programmieren. Denn vergessen Sie nicht: Ohne diese Informationen und alle anderen Angaben unseres Programms hat Ihr Unterbewußtsein keinerlei Anhaltspunkte, um Sie in der *richtigen* Weise zu beeinflussen.

Eine einfache Formel, um die überschüssigen Kalorien, die Sie als Fett am Körper tragen, auszurechnen:

Ein Beispiel: 143 Pfund (die Sie jetzt wiegen)
         – 128 Pfund (die Sie wiegen möchten)
        =   15 Pfund Übergewicht

Multiplizieren Sie diese 15 Pfund Übergewicht mit 3500, das ergibt $15 \times 3500 = 52\,500$. Diese Zahl bezeichnet die überflüssigen Kalorien in Ihrem Körper; diese Menge an Kalorien müssen Sie nach und nach loswerden. Ein Pfund überschüssiges Fett enthält 3500 Kalorien.

7. Einige zusätzliche Affirmationen

Die folgenden wirksamen Suggestionen werden Sie bei Ihrer Umprogrammierung unterstützen. Sie sollten sie insbesondere während der Entspannungsübungen laut aussprechen und sie auf Kärtchen schreiben und an ›strategisch günstigen‹ Stellen in Ihrer Wohnung anbringen.

»Jetzt mag und esse ich nur noch gute, nährstoffreiche, kalorienarme Kost.«

»Es ist schön und leicht für mich abzunehmen.«

»Ich nehme erfolgreich ab: voller Freude, Mut, Zuversicht und Beharrlichkeit.«

»Ich denke immer nur in höchst positiver, erfreulicher Weise an mich selbst.«

»Ich erreiche mein Idealgewicht und kann es mit Leichtigkeit beibehalten.«

»Ich spreche diese meine Affirmationen wenigstens zweimal am Tag und – wenn möglich – sogar öfter aus.«

»Wenigstens zweimal am Tag versetze ich mich in den Alphazustand und benutze meine kreative Vorstellungskraft, um mir meinen Idealkörper einzuprägen.«

»Ich verwende auch die Spickzettelmethode, um allen möglichen Versuchungen im Notfall widerstehen zu können.«

Vergessen Sie auch nicht unsere wichtigsten ›Worte der Macht‹:

Ich mag mich selbst bedingungslos!

›Rahmen‹ Sie damit Ihren Tag ›ein‹: Bekräftigen Sie diese Affirmationen am Morgen, sobald Sie aufgestanden sind, und nachts vor dem Zubettgehen. Stellen Sie dabei sich selbst mit Ihrer Idealfigur vor und behalten Sie dieses Bild sechs Sekunden lang vor Ihrem geistigen Auge.

8. Eine Diät für die einundzwanzig Tage der Neuprogrammierung

Wie bereits gesagt, ist es sehr ratsam, die folgende Diät für die Dauer der Neuprogrammierung Ihres Unterbewußtseins gewissenhaft einzuhalten. Sobald sie einmal abgeschlossen sind, können Sie – wenn Sie möchten – auch wieder zu anderer Kost übergehen.

Proteine

Täglich 250 Gramm mageres Fleisch, Fisch oder Geflügel.

Sie können also zum Beispiel folgendes essen: Hühnerbrust (ohne Haut), Kalbsleber, mageres Kalbfleisch, Fisch, Rindergehacktes – und zusätzlich ein Ei.

Anstelle von Fleisch können Sie auch einen guten, eiweißreichen Fleischersatz und/oder ein zusätzliches Aufbaupräparat nehmen. Das Präparat können Sie zum Beispiel in ungesüßtem Grapefruitsaft oder auch Tomatensaft auflösen (aber bitte nicht in Orangensaft, der für unseren Zweck zuviel Zucker enthält).

Gemüse

Essen Sie bitte zweimal täglich eines oder mehrere der folgenden Gemüse:
Spargel, Sellerie, Spinat, Chicorée,
Tomaten, Zwiebeln, Pilze,
Erbsen, grüne Bohnen, Sojabohnensprossen,
Fenchel, Zucchini,
Kohl, Chinakohl.

Täglicher Salat

1 Tasse Spinatblätter mit rohen Pilzen oder
1 Tasse Salat

Nehmen Sie dazu ein Diät-Dressing (wie zum Beispiel: 2 Eßlöffel Apfelessig und 1 Eßlöffel Färberdistelöl mit 6 Gramm Fruktose gemischt).

Gewürze

Essen Sie jede Art von frischen Kräutern, frisch oder getrocknet, ferner:
Saft einer Zitrone (täglich)
Essig und Öl
Salz in Maßen
Fruktose (12 Gramm täglich).

Getreideprodukte

Wählen Sie eines der folgenden Produkte täglich:
1 Zwieback
1 Scheibe Toast
½ Scheibe Roggenbrot
¼ Tasse Weizenkeime.

Getränke

Ungesüßte Obstsäfte
Kaffee (ohne Zucker; Süßstoff ist möglich)
Tee (ohne Zucker; Süßstoff ist möglich)
Brühe
Viel Mineralwasser (6 bis 8 Gläser täglich)!

Zusatzpräparate

Lezithin – 2 Teelöffel täglich
Kalziumtabletten
Vitamin C und E
Multivitamin-Mineralstoffkomplex – eine Kapsel täglich.

9. Trainingsplan zur Mentaldiät

Neueste wissenschaftliche Untersuchungen haben ergeben, daß der Körper ein ausgewogenes Programm mit abwechselnden Phasen der Ruhe und der Beanspruchung benötigt, um in Bestform zu bleiben. Folgen Sie unserem Plan wenigstens für die Dauer Ihrer Neuprogrammierung – vorausgesetzt natürlich, daß keine gesundheitlichen Probleme Sie daran hindern. Sprechen Sie also zuvor mit Ihrem Hausarzt!

1. *Täglich:* Strecken Sie jeden Morgen nach dem Aufstehen alle Ihre Muskeln. Sie können außerdem die in Kapitel drei beschriebene Handtuchübung durchführen.
2. *Montag, Mittwoch und Freitag:* Seilspringen, bis zu 200 Sprünge, beginnen Sie langsam: Machen Sie am Montag 50, am Mittwoch 100 und am Freitag dann 200 Sprünge.
3. *Dienstag, Donnerstag und Samstag:* Üben Sie Ihre Lieblingssportart aus, also Schwimmen, Tennis, Radfahren, Kegeln oder was auch immer.
4. *Mittwoch:* Gehen Sie früh zu Bett!
5. *Samstag oder Sonntag:* Machen Sie ein Mittagsschläfchen.

Nach Ablauf der drei Wochen Ihrer Neuprogrammierung sollten Sie dieses ›Trainingsprogramm‹ nach Möglichkeit in jedem Monat drei Wochen lang durchführen. In der jeweils vierten Woche können Sie sich dann vollkommen ausruhen!

Doch steht es Ihnen frei, nach den einundzwanzig Tagen der Neuprogrammierung Ihres Unterbewußtseins zu essen, was immer Sie wollen, und Sport zu treiben, wie immer Sie wollen. Es genügt zum Beispiel vollkommen, wenn Sie weiterhin regelmäßig seilspringen. Doch bis es soweit ist, sollten Sie nach Möglichkeit sowohl die oben angegebene Diät als auch dieses Trainingsprogramm einhalten!

Die wichtigsten suggestiven Affirmationen

»Diese Affirmationen werden mein Unterbewußtsein neu programmieren und alle geistigen Blockierungen auflösen, die mich bisher davon abhielten, mein Idealgewicht zu erlangen.«

Schauen Sie jeden Morgen als erstes, wenn Sie aufgestanden sind, in den Spiegel, blicken Sie sich tief in die Augen und sprechen Sie laut und deutlich: *Ich mag mich selbst bedingungslos!*

Jeden Abend, bevor Sie ins Bett gehen, schauen Sie in den Spiegel. Blicken Sie sich tief in die Augen und sagen Sie wieder laut und deutlich: *Ich mag mich selbst bedingungslos!*

Wiederholen Sie diese Worte so oft am Tag, wie sie Ihnen einfallen. Oder schreiben Sie diese ›Worte der Macht‹ auf ein kleines Kärtchen und lesen Sie sich laut vor. Verfahren Sie so an 21 aufeinanderfolgenden Tagen und lassen Sie sich anschließend vom Ergebnis überraschen!

Verwenden Sie auch diese ›erinnernde‹ Beteuerung: »Jeden Tag werde ich zweimal oder öfter diese wichtigsten aller ›Worte der Macht‹ laut aussprechen.«

Nun kennen Sie eines der größten Geheimnisse: Sie wissen nun, daß die Welt wie ein Spiegel ist, der nur Ihre eigene kleine Welt, Ihr Inneres, vergrößert wiedergibt. Wenn Sie Ihr bisher negatives Selbstbild in ein positives umwandeln, Ihr Selbstbewußtsein steigern und sich eines schönen, schlanken Körpers für würdig erachten, dann kommt dieses Bild von außen wieder zu Ihnen zurück und bedeutet Ihnen: »Du bist ein wunderbarer Mensch!«

Persönliche Notizen und Beobachtungen

Benutzen Sie die folgenden Seiten, um sich Notizen über Ihre Ziele und Fortschritte zu machen. Denken Sie daran, wie wichtig es ist, Wunschvorstellungen dadurch zu konkretisieren, daß Sie sie schriftlich festhalten und dadurch das zu Erreichende vorwegnehmen! Tragen Sie auch eigene Entdeckungen ein, die Sie bei diesem neuen Abenteuer des schöpferischen Bewußtseins bestimmt noch machen werden.

Zum Abschluß darf ich Sie noch einmal auf mein schon erwähntes Buch hinweisen: »*Denken Sie sich jung! So bleiben Sie jung*«. Ich weiß, Sie können ebenso jung sein wie schlank!

Persönliche Notizen und Beobachtungen

Persönliche Notizen und Beobachtungen

Sachregister

186

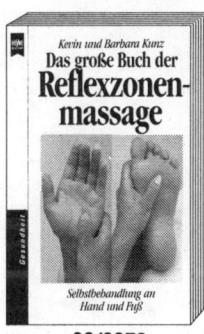